書くことによる
ナラティヴ・アプローチ

未来をひらく自己物語

北澤 晃

せせらぎ出版

はじめに

　私は、この本を次のような方々に読んで欲しいと思っています。

- 自分の心のありようを充実させることで、幸せでありたいと願う人
- 教育、医療、看護、心理、福祉等の臨床の場に携わる人
- 社会人になるための自分づくりをする高校生、大学生
- 書くことを大切にしてみようと考えている人
- ブログやツイッターなど書くことを生活の中に取り入れている人
- 「他者」に対しての共感性を高めたいと感じている人
- 「谷川俊太郎」「いきものがかり」「『夢をかなえるゾウ』の中のガネーシャ」が好きな人
- 偶然、本書を手にした不思議なご縁のある人

　さて、ナラティヴ・アプローチとは自分の言葉で自分の現実を語り、自分の人生（『自己物語』）をつくり出していくことです。今の自分と確かなつながりをもった「新しい語り」を見つけることは誰にでも可能であり、その繰り返しが「よりよく生きること」（「つくり、つくりかえ、つくる」こと）につながることを私は、できるだけ具体的に提示したいと思いました。
　『未来をひらく自己物語』と題した本書は、私が1年近く書いたブログによって構成されています。私がブログを更新しながら心がけたことは、「今、感じていること、考えていること」について、わずかでも別の新しい語り方ができないだろうかということです。そのわずかな別の「新しい語り」が、過去の『私』から抜け出して別の新しい『私』を立ち上げ、未来の『自己物語』をひらいていくことになるのです。ブログを読んでいただければ、「新しい語り」が別の「新しい語り」を引き出してくることを感じていただけると思います。そして、いくつか書き終えて振り返ってみると、点々としてバラバラで気まぐれに見えるブログが織物のようにつながった『私』の世界として広がっていることを感じることができます。『自己物語』には劇的な流れはなくても、日々、たんたんと生きる自分自身には分かる意味のつながりがあるのです。
　このことをさらに積極的に受けとめ、『自己物語』を豊かなものにしていくために、『書くことによるナラティヴ・アプローチ』という方法を提案することにしました。別の「新

しい語り」を自分の中に見出していくためには「書く」という作業はとても効果的です。今までの『私』の感じ方、考え方で書きながら、その都度別の「新しい語り」を試み、新しい『私』を発見していく作業になります。その「新しい語り」が立ち上がった瞬間、『私』はすでに未来を引き寄せていると言えるでしょう。その可能性をポジティブに見いだそうとする意識で作文を書くことを『つくりかえ作文技法』と名付けました。作文の出来栄えを問題にしていません。ただ、私はあえて『起承転結』の形式にこだわりました。『起承転結』の流れの中には、別の「新しい語り」を引き出す力があるからです。書くことで「語り」を始め、更に「別の語り」を書き足し、つながりのある豊かさで「新しい語り」をつくっていくありよう（『自己物語』）を読みとっていただければと思います。

*

　各ブログに記されたお天気マークは、本書の編集者とイラストレーターが相談され、私が住む富山のお天気を調べて添えてくれたものです。私の気分の中では、富山は「曇り」や「雨」の日が多いと感じているのですが、ブログは「晴れ」の日に書いていることが多いようです。ブログを書き終え更新する日の心のありようは、お天気の力も借りていたのかも知れません。

● 目　次

● Contents

はじめに……………………………………………………………………… 1

Blog 1	生きる………………………………………………………	8
Blog 2	小さなヒント………………………………………………	11
Blog 3	出来事の意味………………………………………………	12
Blog 4	YELL………………………………………………………	13
Blog 5	誓いのことば………………………………………………	14
Blog 6	ポケットに名言を…………………………………………	16
Blog 7	「本当の自分」づくり……………………………………	17
Blog 8	作文なんて大嫌い！………………………………………	18
Blog 9	心を結ぶ……………………………………………………	19
Blog 10	『いきものがかり』………………………………………	21
Blog 11	臨床美術……………………………………………………	22
Blog 12	聴き分ける…………………………………………………	23
Blog 13	あなたには書く力がある…………………………………	25
Blog 14	意識…………………………………………………………	27
Blog 15	ナラティヴ・アプローチ（宗太郎君の物語①）………	29
Blog 16	もう一人の私（宗太郎君の物語②）……………………	31
Blog 17	無意識の力（宗太郎君の物語③）………………………	33
Blog 18	ありがとう（宗太郎君の物語④）………………………	35
Blog 19	「ママ、ありがとう」の意味（宗太郎君の物語⑤）…	37
Blog 20	ピッタリとした靴を履かせる……………………………	39
Blog 21	彩り…………………………………………………………	41
Blog 22	私のなかの「過去」からのメール………………………	42
Blog 23	『世界は一冊の本』………………………………………	44
Blog 24	『明日、また、きっと。』………………………………	46
Blog 25	どんな自己物語を生きているのか………………………	48
Blog 26	『もう一人の私』とは……………………………………	51
Blog 27	負のスパイラルから抜け出す方法………………………	53
Blog 28	ハードル……………………………………………………	55
Blog 29	『起承転結』………………………………………………	57
Blog 30	明日へ………………………………………………………	60

Blog 31	未来予想図Ⅱ 『起承転結』の物語を探してみよう！ ……………	62
Blog 32	『青ペン』と共にある達成感 ………………………………………	64
Blog 33	もう一人の私（谷川俊太郎）………………………………………	66
Blog 34	「じゃあいつやるんや？」（『夢をかなえるゾウ』①）…………	68
Blog 35	「違うねん」（『夢をかなえるゾウ』②）…………………………	70
Blog 36	祈る（『夢をかなえるゾウ』③）……………………………………	72
Blog 37	「その日頑張れた自分をホメる」（『夢をかなえるゾウ』④）……	75
Blog 38	無題 ……………………………………………………………………	77
Blog 39	思い当たる ……………………………………………………………	80
Blog 40	『私』を書く …………………………………………………………	82
Blog 41	『夢』の途中 …………………………………………………………	84
Blog 42	"優しい無視"介助犬 ………………………………………………	86
Blog 43	『くじけないで』（『敬老の日』に）………………………………	88
Blog 44	私の中でのつながり …………………………………………………	90
Blog 45	「思いきって行ってまえ〜」………………………………………	92
Blog 46	思考は現実の『型紙』 ………………………………………………	94
Blog 47	「知りながら害をなすな」…………………………………………	96
Blog 48	やさしい心 ……………………………………………………………	98
Blog 49	似たものを引き寄せてくる磁石 ……………………………………	101
Blog 50	『中身』と『外見』（なかみ・そとみ）…………………………	103
Blog 51	受け入れようとする『余地』で響く ………………………………	105
Blog 52	自己中心性からの脱却 ………………………………………………	107
Blog 53	日本人の『世代性』の劣化 …………………………………………	109
Blog 54	『まなびあい』 ………………………………………………………	111
Blog 55	「ソーダ水の中を貨物船が通る」…………………………………	113
Blog 56	「他者の森をかけ抜けて自己になる」『起承転結』② …………	115
Blog 57	「四つ葉の幸せ」『テクスト』………………………………………	117
Blog 58	書くことは『断捨離』 ………………………………………………	119
Blog 59	「みんな違った個性がすてき」……………………………………	121
Blog 60	『原風景』 ……………………………………………………………	124
Blog 61	『明日へ』（あとがきにかえて）…………………………………	128

未来をひらく自己物語

書くことによるナラティヴ・アプローチ

Blog *1*　　　　　　　　　　　　　　　　　　　2010年3月24日（水）　10:52

生きる

● これから合い言葉にする「つくり、つくりかえ、つくる」という表現は、何だかつかみどころがないので、意味を明瞭に言い表すことができないかも知れません。それは、「生きる」とは何かという哲学的な問いと同じくらい実は難しい。そして、具体的な事実を並べていけば限りない。

● 谷川俊太郎の詩集『うつむく青年』の中に、『生きる』という詩があります。国語の教科書にも採用されています。2007年秋、あるインターネットコミュニティーに「谷川俊太郎さんの『生きる』という詩にならって、みんなの『生きる』をつなげてひとつの詩をつくりませんか？」という書き込みがあり、それに応える投稿は2000編を超えたということがありました。それらで構成した詩集『生きる　わたしたちの思い』（角川コミュニケーションズ　2008）は詩集としては異例の7万部を売り上げたそうです。

● 『生きること』が人と人をつなぎ、現在と過去と未来をつないでいく。「生きにくい」時代に放り出されている私たちの個々別々の心を『生きること』がつなぎ、『ともに生きること』につくりかえていく。

　　　生きる
　　　　　　　谷川俊太郎
　　　生きているということ
　　　いま生きているということ
　　　それはのどがかわくということ
　　　木漏れ日がまぶしいということ
　　　ふっと或るメロディを思い出すということ

くしゃみすること
あなたと手をつなぐこと

生きているということ
いま生きているということ
それはミニスカート
それはプラネタリウム
それはヨハン・シュトラウス
それはピカソ
それはアルプス
すべての美しいものに出会うということ
そして
かくされた悪を注意深くこばむこと

生きているということ
いま生きているということ
泣けるということ
笑えるということ
怒れるということ
自由ということ

生きているということ
いま生きているということ
いま遠くで犬が吠えるということ
いま地球が廻っているということ
いまどこかで産声が上がるということ
いまどこかで兵士が傷つくということ
いまぶらんこがゆれているということ

　　　　いまいまが過ぎていくこと

　　　　生きているということ
　　　　いま生きているということ
　　　　鳥ははばたくということ
　　　　海はとどろくということ
　　　　かたつむりは　はうということ
　　　　人は愛するということ
　　　　あなたの手のぬくみ
　　　　いのちということ

● 　この『生きること』を私たちの命は、命ある限りつないでいく。それは、ひたすらに「つくり、つくりかえ、つくる」ことによって……。

Blog *2*

小さなヒント

2010年3月26日(金)　20:02

● 一人の子どもが空高くボールを投げ上げて、落ちてくるボールを他の子どもたちが一斉に追いかけてキャッチする遊びがあります。ボールを投げ上げる人が「フライ先生」と呼ばれる遊びです。この遊びが楽しいのは、自分の投げたボールを大勢の友だちが追いかけてくれるからでしょう。自分が投げたボールは自分の分身です。自分の分身を追いかけてもらえるなんて、そんなうれしいことはありません。

● このブログを書きながら、なぜ「フライ先生」のことを思い出しているかというと、このブログも私の分身だからです。こうして書いた文章というものは『私』を表している。広大なインターネットの空間に文章になって飛び出していく『私』のメッセージを「フライ先生」の遊びと同じようにキャッチしてくれる人はいるでしょうか。こうしたブログの読者はほとんどいないということを私は知っています。まして、学長が書くブログなんて面白くないです。

● だから、私は言葉を投げかける相手を「あなた」と決めてブログを書こうと思います。自分の気持ちが揺れ動いてしまうとき、自信を持つための、夢を持つための、自分自身を大切にするための「小さなヒント」を求めている人に読んでもらうために書いていこうと思います。なぜかというと、私も自信を持ちたいといつも思い、夢を持ちたいといつも思い、自分自身を大切にしたいと思い続けているからです。

● 私が投げる「言葉のボール」を、ときどきキャッチしに、ここを訪ねてみてください。ささやかながら「つくり、つくりかえ、つくる」の意味に出会える場所にしたいと思っています。

Blog 3　　　　　　　　　　　　　　　　2010年3月30日（火）　18:31

出来事の意味

- 卒業証書・学位記授与式の朝、目が覚めてテレビをつけた時、「パラリンピックのクロスカントリーで新田佳浩選手がみごと金メダルを獲得した」というニュースが報じられていました。新田選手は2歳の時に、おじいちゃんが運転する稲刈り機に左腕をはさまれ切断したのでした。新田選手は、自分のせいだと思っているおじいちゃんのためにも精一杯頑張ってきたと言います。金メダルを91歳になるおじいちゃんの首にかけてあげたいと言います。

- 「腕を切断してしまった」という事実が、おじいちゃんと孫の間で、このようにして生きられていく。ある時、不幸となって身にふりかかる出来事さえも、その事実をどう生きるかという人間の可能性は、その出来事の意味をもつくりかえていく。

- このニュースは目が覚めたばかりの私の心を揺さぶりました。そして、卒業生に伝えたいと思い、式辞の中に書いてある谷川俊太郎の『生きる』の詩の後に鉛筆書きで付け加えました。私はそれから数時間後、卒業生に向かってそのことを伝えました。自分なりに深く意味を感じ、話すことができたと思います。

- 出来事の意味は外から与えられるものではありません。自分の『生きる』ありようによって、自分で意味付けていくものなのです。それが『生きる』ということなのだと新田佳浩選手の『生きること』（自己物語）から学びたいと思います。

Blog *4*   2010年4月1日（木） 15:05

YELL

- 3月という別れの時期と4月という出会いの時期。私は慌ただしさの中にいて、まだ「新しい出会い」ができる心持ちになっていない自分のままだと感じていました。

- 3月31日の夜、私は閉店を告げる「蛍の光」の音楽が流れるCDショップに駆け込みました。カウンターで片づけをしている店員さんに「いきものがかりの『YELL』をください」と言った時、妙に懐かしいような恥ずかしさがありました。NHK全国学校音楽コンクールの課題曲になったことで、中高生を中心に親しまれている曲です。あなたも涙して聴いたのではありませんか？

- （以下、『YELL』の歌詞の一部）
  　　永遠など無いと　気づいたときから
  　　笑い合ったあの日も　唄い合ったあの日も
  　　強く深く胸に刻まれていく
  　　だからこそ　あなたは　だからこそ僕らは
  　　他の誰でもない　誰にも負けない
  　　声を挙げて　"わたし"を生きていくよと
  　　約束したんだ　ひとりひとり　ひとつひとつ　道を選んだ

- 深夜、繰り返し聴いているうちに、やっと「新しい出会い」に臨んでいけそうな気がしています。きちんと出会いと別れを繰り返していくことは、大事だと思っています。4月3日の入学式が楽しみです。

Blog 5　　　　　　　　　　　　　　　　　　　2010年4月5日（月）09:03

誓いのことば

● 私は、「つくりかえ作文技法」の取り組みを実践することを奨励しています。「つくりかえ作文技法」は、別の「新しい語り」の可能性を意識して、『起承転結』の文章構成で書くことです。この方法で繰り返し書いているうちに、考えがひとりでに浮かび発展していくようになります。文章がひとり歩きをし、『私』を新しい場所へ連れていってくれるのです。そのひとり歩きする文章の流れを文脈と言います。

● 「つくりかえ作文技法」で作文を書き続けると、前向きな自分づくりが本当にできますか？　と疑う人がいます。私は「本気で書けばできる」と答えます。野球でもバレーボールでもピアノでも、本気で練習するからこそ上達することと同じです。いい加減にしていて思いがかなうはずはありません。

● 社会福祉学科の入学生が、私に送ってくれた「つくりかえ作文」を忘れることができません。私はこの作文を読んだとき、本当に心の深いところで感動しました。紹介します。

　①私の曾祖母は、昨年97歳で亡くなりました。
　②私の両親は共働きで、小さい頃からずっと私の世話は曾祖母がしてくれていました。私は曾祖母が大好きでした。そんな曾祖母が亡くなり、私自身、生きる気力がなくなるくらい落ち込んでいました。
　③ある日、母から曾祖母が亡くなる数日前まで書いていた日記をもらいました。そこには、私の写真と名前が毎日たくさん書いてありました。
　　曾祖母は認知症で、自分の子どもの名前も忘れてしまうことがあったのに、私のこ

とは忘れたことがありませんでした。そして、日記の最後には毎日「今日もありがとう」と書いてありました。

④私はその日から少しずつ、前へ進む努力を始めました。学校へ行って、今まで以上に勉強を頑張り、福祉の道へ進むことも決めました。曾祖母のおかげで、今日の私がいると思います。今日という日は二度と来ないから、今日に、そして曾祖母に毎日感謝して生きていきたいです。

● あなたは、この思いを今新たに「つくる」ことができますか？
　あなたは、この思いを更に深く「つくりかえる」ことができますか？
　あなたは、この思いを力強く「つくり続ける」ことができますか？

Blog *6*   2010年4月7日（水） 12:10

ポケットに名言を

- 高校生の時に、たくさん本を読むようにと先生から言われました。人との出会いと同じくらい「言葉」との出会いは大切です。読書量を増やす近道は、『詩集』を読むことです。そういうわけで、『ポケットに名言を』という本に高校1年生の時に出会いました。

- 　　人は仰いで鳥を見るとき
  　　その背景の空を見落とさないであろうか　　　　三好達治『鳥鶏』

  これは、『ポケットに名言を』の本の中に書かれている詩の一節です。私は以来、この詩の一節を、ずっとポケットに入れて生きてきたように思います。私のポケットの中は、いろいろな言葉でごちゃごちゃですが、この「言葉」だけはすぐに取り出せます。高校生の頃は、空を仰ぐたびに、この詩が心に浮かんでいました。

- やがて、私は小学校教師になりました。若い私の近くには、たくさんの子どもたちが集まってきました。私は毎日、いろいろな話をしました。あるとき、子どもたちの背後にいる一人の子どもの淋しそうな瞳に出会いました。その子は大人しく、自分から私に声をかけてくることはありませんでした。
  　　人は仰いで鳥を見るとき
  　　その背景の空を見落とさないであろうか

- その時、あっと思い、私はポケットの中のこの「言葉」を握りしめました。そういうわけで、今も握りしめています。

＊寺山修司『ポケットに名言を』大和書房　1970
　（現在は、「角川文庫」で出版されています）

Blog 7　　　　　　　　　　　　　　　　　2010年4月10日（土）　12:44

「本当の自分」づくり

- 今年度から「つくりかえ問題解決技法」という新科目の授業がスタートしました。この科目名について補足すると「自分の意識のあり方をつくりかえることで、問題を解決する」という意味です。

- 来週は第2回の授業ですが、私の出番です。「つくり、つくりかえ、つくる」ということと「つくりかえ作文技法」についてお話をすることにしています。今、どんな授業にしたらよいかと考えながら、授業準備に悪戦苦闘中です。たった一時間に思いをかけているのです。

- 私が考えていることは、社会心理学や教育心理学、あるいは現象学等の研究者の多くが言っているのです。例えば、心理学者の榎本博明は『社会人のための「本当の自分」づくり』という本の中で次のように述べています。

　今ここで動き出さなかったら、人生の流れを変えることはできません。今のこの怠惰な自分は本当の自分じゃない、納得のいかないこのパッとしない生活は本来の自分の生活ではない、といった思いが多くの人たちの心の中にくすぶっているはずです。でも、そう思っているだけでは何も変わらないのです。人生は「今」の連続です。今を変えなければ人生の流れをかえることなどできません。

- 「今」の連続をつくること、それは、「連続」ですから「つくり、つくりかえ、つくる」の強い意志の力が必要なのです。このことは、心理学なども学ばないと深く理解することは難しいかも知れません。でも、そう言っていたら「今」が遠のいていきます。この本を持って、あなたが私を訪ねてくれたらうれしいです。

＊榎本博明『社会人のための「本当の自分」づくり』講談社＋α新書　2006

Blog *8*　　　　　　　　　　　　　　　2010年4月14日（水）　16:41

作文なんて大嫌い！

- 「つくりかえ作文技法」の授業をしました。まだ、入学したばかりの緊張感はよいものです。

- どのように書き進めるかというポイントを説明し、実際に授業の中で「つくりかえ作文」を書いてもらいました。一斉にペンが走る音がし、みんなで集中していることが心地よい場所になりました。やがて、ペンの音の重なりも薄くなってきたので、出来た人から提出してもらいました。授業時間が終わりましたが、書き上がらない学生を待っていると、一人の学生が作文用紙を持たずに私のところに出てきました。
「あとで、届けてもいいですか？」
（もう昼休みだね、あとで届けて下さい）

- 夕方、学長室にその学生が来ました。
「せっかくだから、少し話そう」
その時、手渡された作文の題名が「作文なんて大嫌い！」というものであったので、私は思わず苦笑いしてしまいました。私は、彼女の作文の内容を確認した後、入学してから一週間の様子を聞きました。友人ができたことが何よりうれしそうでした。

- 時間をかけて書き上げ、わざわざ届けてくれた作文の題名が「作文なんて大嫌い！」であったということは、私にとって思いがけないことでしたが、思いがけないからこそ大事にしたいと思っています。そして、この作文の最後には、このように書かれていました。

　　これから、作文を好きになるのは時間がかかるけど、
　　克服できるように努力したいと思う。

Blog 9　　　　　　　　　　　　　　　　　　2010年4月17日（土）　13:48

心を結ぶ

- ブログを始めて、もうじき1ヵ月になります。「ずっと読んでいます」と声をかけてもらうことがあり、その言葉に背中を押されて「あなた」へのメッセージを続けることができます。とは言え、次々と私の中からメッセージが溢れるわけではないので、私が読んだ本について紹介していくこともいいかなと思っています。

- 『日本でいちばん大切にしたい会社』という本で、北海道のお菓子メーカー「柳月」のことが紹介されています。柳月には「柳月五つの誓い」があります。

　　私たちは、心を結ぶ団らんをお手伝いします。
　　私たちは、心を結ぶお菓子をつくり続けます。
　　私たちは、心を結ぶ接客・サービスを行います。
　　私たちは、地域社会と心を結びます。
　　私たちは、心を結び、幸せをめざします。

　この会社では「お菓子」は心をつないでこそ「お菓子」なのであり、そのことによって人々を幸せにしていくことを社員は誇りにしていることでしょう。そこには、あえて「福祉」とは言わなくても「福祉の心」が深く根付いているのです。だから、次のような手紙も届きます。

- 12月23日、クリスマスケーキの買い物客でごった返しているとき、私は入院中の父のために、ショートケーキ2個とシュークリーム1個を求めました。私が主人と「病院だから」と話していることを耳にされたのか、店員の方がフォークと紙ナプキン、それに保冷剤も入れてくれました。たった500円少々の買い物、しかも超多忙なときに、ニコニコと「病院ですね。お大事に」と声をかけていただきました。そのひと言がとてもう

れしかったです。残念ながら、94歳の父は、ケーキをふた口食べるのがやっとで、ケーキにのっている大好きなイチゴも半分しか食べられませんでしたが、柳月さんのおいしさとクリスマスの気分を感じたことと思います。

● 柳月の田村社長は、この手紙をいつも内ポケットに入れて忘れないようにしているそうです。ちなみに柳月ではクリスマスケーキだけで10万個売れるのです。にも関わらず、売れればいいというところに陥らないことが、地域に支持されるゆえんなのでしょう。

＊坂本光司『日本でいちばん大切にしたい会社』あさ出版　2008

Blog 10
『いきものがかり』

2010年4月21日（水）　21:56

- ブログ4で『YELL』という曲について書きました。バンド名が『いきものがかり』で、バンド名を知った時から、何かこの『いきものがかり』が心に引っ掛かっています。メンバーの水野さんと山下さんの二人は、小学校1年生の時に二人でクラスの「生き物係」をしたそうです。そして、そこからバンド名が来ていると知り、何となくうれしいのです。本当は、水野さんは「保健係」、山下さんは「黒板係」をやりたかったようですが。

- 私は、小学校1年生の担任をしたことがあるのですが、『いきものがかり』の子どもたちの姿をいろいろ思い出します。『いきものがかり』には、死んでしまった生き物のお墓を作るという役目もあります。生き物を埋めた地面に石を並べた記憶は多くの人の心に残っているでしょう。こんな新聞の記事を見かけました。

- （抜粋）横断歩道を渡ろうとしたら、スズメが1羽、路上に死んでいました。スズメも交通事故に遭うのかしらと思いながら、そのまま通り過ぎ、用事を終えた帰路には、もうスズメの姿はありませんでした。
　少し離れた森の近くで、地元中学野球部のユニホーム姿の男子生徒3人が何かをしています。気にも留めずに通り過ぎ、帰宅して玄関に入ろうとし、はっと気づきました。急いで、彼らのところに戻ると、案の定、3人はスズメを桜花の散る木の下まで運び、埋葬しているところ。「いい子たちだなあ」と胸がジーンとしました。声をかけたら恥ずかしそうにしていました。
　　　（「スズメ埋葬の生徒たちにジーン」　主婦　平野恵子、千葉県野田市、朝日新聞　2010.4.18）

- 『いきものがかり』が、なんとなく心に引っ掛かり続けたのは、『いきものがかり』の風景が幾重にも折り重なって心の深みに沈んでいるからのような気がします。そして、私たちは命に対して心残りを抱いたまま、『いきものがかり』の責任を下りることができずにいるのかも知れません。あなたにも思い当たることが、きっとあるでしょう。

Blog *11*   2010年5月1日（土） 14:11

臨床美術

- はんこ屋さんで「脳いきいき　臨床美術士」というゴム印をつくってもらいました。名刺の隙間に押せる小さな文字列のゴム印です。なぜ、名刺に印刷しないかというと、「臨床美術士」としての自分でいる時は、ごくわずかな時間だからです。

- 臨床美術士の役割は、アートの力で脳機能を活性化させ、絵を描く人の「楽しい時間」を創造することです。したがって、お年寄りの認知症予防に効果があり、最近ではPTSD（心的外傷後ストレス障害）やゲーム脳など発達の気になる子どもに対しても有効であることが分かってきました。

- 少し前に、お年寄りのグループに臨床美術の手法で「りんごの量感画」を描いていただきました。私の母親ぐらいの年齢のおばあちゃんが「絵を描くなんて30年ぶり」と言うと、「違うでしょ、60年ぶり」と隣のおばあちゃんが言うので、ちょっと可笑しくなりました。たぶん、子どもの頃からの友だち同士なのでしょう。「こんな楽しいことまた出来てよかったわ」と言ってもらうと、もっともっとこういう時間がつくれたらいいなと思います。

- そんな思いもあって、「脳いきいき　臨床美術士」のゴム印をつくったのです。臨床美術の基礎を学んだ人たちが、福祉施設や教育機関などで社会的・創造的な活動をすることで、「いきいきとした楽しい時間」を分かち合える地域社会の創出に貢献していくことができるだろうと思います。だから、このゴム印を繰り返し役立てながら「臨床美術士」としての役割を少しでも担っていこうと思います。

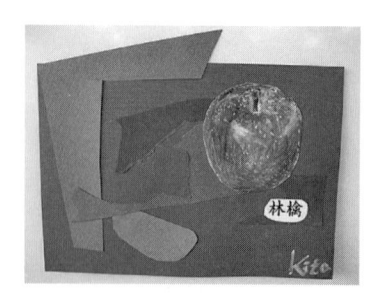

　また、あのおばあちゃんの笑顔を見られたらうれしいです。

Blog *12*
聴き分ける

2010年5月8日（土） 12:45

- 「看護の日」のイベントが看護学科で開かれました。私は聴診器で体内に起こる音響を聴取する体験をさせてもらいました。心音、呼吸音、腸音、血管音（動静脈音）などを聴き分けるのです。

- 聴診器をつけると、人体の模型（よくできている!!）の体内の音響が、潜水をしている時の水中音のように聞こえてきます。その中から、いろいろな音響を自分の耳で拾い上げていくのですが、「ここでは心音が…、ここでは呼吸音が…」という学生の親切な言葉に寄りかかりながら聴き取っていきます。そうでなければ、拡散した音響の洪水の中で、音を聴き分けることは、私にはできないでしょう。

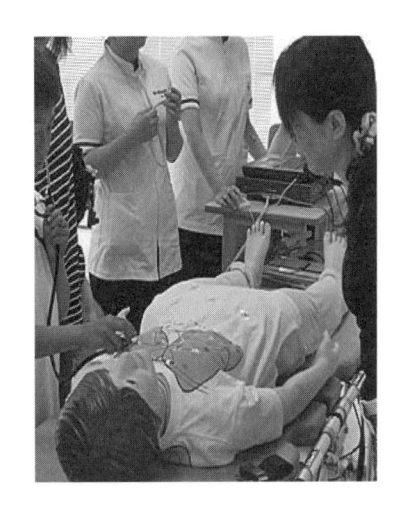

- この体験を通しながら、私は丸山圭三郎の次のような言説を想起しました。

　こうして私たちは、言葉以前の知覚を求めながら、再び言葉のもとに連れ戻される。人間の知覚は言葉による認識と切り離すことができない。

　つまり、私たちは「言葉」を支えにして聴覚で意味付け、把握しているのです。味覚についても同じことが言えます。目を閉じて味わい何を食べているか当てるゲームをテレビ番組で見ることがあります。自分で目を閉じて試してみると難しいことが分かります。私たちは視覚によって食べものを言語化し、それに寄りかかって味わっているとも言えるのです。

● 「言葉」(意識と無意識)の問題は現代思想の興味深い問いです。医療行為や闘病生活ということを深く捉えていくとき、この問題にも必ず関わってくるだろうと思います。
　丸山圭三郎は次のようにも述べています。

　人間という動物だけが、いわゆる五感に代表される自然の道具に加えて、もう一つのシンボル化能力としての言葉を通して世界を意味づけているのではあるまいか、人間だけが世界を二重に分節して生きているのではあるまいか、というのが私の仮説の出発点である。

＊丸山圭三郎『言葉と無意識』講談社現代新書　1987

Blog *13*　　　　　　　　　　　　　　　　　　　2010年5月18日（火）　21:22

あなたには書く力がある

● 『闘病記』というキーワードでネット検索していて、文章表現インストラクターの山田ズーニーさんの「あなたには書く力がある」と題したメッセージに出会いました。次のような文章です。

● （以下抜粋）
　いまになって私は思うのだ。人生で最も輝く時期に書き始めたからではない、人生で最も「トホホ」な時期に書き始めたからこそ、私には、文章を書くことができた。
　「今の自分は弱っているから、いつかもっと強くなってから書こう」と人は言う。でもそれは違う、と私は思うのだ。
　大きな会社の恵まれたポジションにいた私にはきっと、文章なんて書けなかった。書くなんていう面倒なことをわざわざしなくても、仕事や、日々たくさん出会う人との会話や、服装や化粧や、行動で、生き方で、いくらでも自分を表現できた。
　けど、肩書きを失い、活躍の場を失い、人の輪から干され、自分を表現する道が閉ざされた日々では、からだの中に言葉がたまった。
　それでも、私は「想う」。天井の節目をなぞるような日々でも、私は、日々なにかを「想い」、なにかを「考えた」。ただ、それは言葉にならない。ばくぜんと、ただもやもやと、ぐるぐると、体の中にあって、自分でも正体がわからなかった。
　書くことで、次々と自分の中のもやもやが言葉になった。それまで書くことをしてこなかったから、つかいこなせない表現力で、探り、探り、それでも、書いてみると、驚くほどに自分が見えてきた。
　いままでいいカッコをしてきた自分や、こんなに何もかも失ってもまだカッコつけた

い自分や……。それでも、そうしたヨロイをとって、書いては消し、書いては消し、最後のさいご、「素直なひと言」が言葉になったときは、からだの内から力がこみあげ、思わず涙があふれた。

● 山田ズーニーさんの書いていることを、どう思いますか？　私も「書くこと」をあなたに勧めています。「書くこと」によって私たちには、『私』という存在が見えてくるのです。「書くこと」を勧めると「書く習慣がないから上手く書けない」という人がいます。「できるだけポジティブ（前向き）な言葉を引き出そう」と勧めると「本音でないことをいくら書いても意味がない」という人がいます。本当にそうだろうか。

● あなたが書くことは、あなたにしか書けないのです。だから、あなたが書くことで生まれる世界を自分から見放してはいけないのです。言葉にする勇気を持ち続けてください。

Blog *14*   2010年5月19日（水） 21:22

意識

- 『意識』とは「心」のことか。『意識』と「無意識」を合わせて「心」なのだろうか。ブログ13で紹介した山田ズーニーさんの文章のなかに、「からだの中に言葉がたまった」という文がありました。「言葉」の溜まり場が「心」であり、その「言葉」の動きが『意識』かなと、私は思っています。あなたが、もしこういう話をやっかいに思ったとしても、自分の心身を守るためにも『意識』ということについて、自分なりの受け止め方ができていた方がよいと思います。

- 私は、『意識』というものを「水の中で泥の粒が動いている」ようにイメージしています。泥の粒が「言葉」の小さな単位です。水が動くと泥の粒は水の中を動き回ります。その動きがその時々の『意識』をつくり出します。あまり激しく動き濁ってしまうと、自分の『意識』はぐちゃぐちゃで何を考えているのか自分でもつかめなくなるのです。谷川俊太郎の次の詩を、そんなイメージで読んでみると面白いです。

- 　　散　　歩
  　　　　　　　　谷川俊太郎
  やめたいと思うのにやめられない
  泥水をかき回すように
  何度も何度も心をかき回して
  濁りきった心をかかえて部屋を出た
  山に雪が残っていた
  空に太陽が輝いていた
  電線に鳥がとまっていた
  道に犬を散歩させる人がいた

いつもの景色を眺めて歩いた
　　泥がだんだん沈殿していって
　　心が少しずつ透き通ってきて
　　その美しさにびっくりする

● 　水の中で揺れ動く粒のように、「言葉」の粒がいろいろに働き合い『意識』をつくっていく。揺れすぎれば濁ることもあるし、まったく動かない「言葉」の粒は沈殿したまま積もっていき、自分の中で意識することもないまま忘れ去られていくのです。どんな『意識（言葉）』が沈んだままで忘れ去られているか、『散歩』の詩のように歩いてみましょうか……きっと、どこか懐かしい思いとなって、沈んでいた『意識（言葉）』が浮かび上がってきます。

＊下條信輔『〈意識〉とは何だろうか』講談社現代新書　1999

Blog *15*　　　　　　　　　　　　　　　　　　2010年5月21日（金）　11:01

ナラティヴ・アプローチ（宗太郎君の物語①）

- 明日、私の特別授業があります。私が重視している『ナラティヴ・アプローチ（自己物語化）』ということをお話しようと思っています。言い換えると「自己物語を選択して生きよう」ということがテーマです。

- 自己を語り、語り直し、そしてまた語り……私たちは自分にとって意味ある人生を生きていきたいと思っています。自分の願いや夢、目標が、今生きて過ぎていく時間や過去とどのようにつながっているのか考える。そこに『自己物語』が生まれてきます。積極的に『自己物語』を意識し、つねに書き換えていく。それが「つくり、つくりかえ、つくる」というアプローチです。今回の授業は、生まれながらの難病で、食べることも歩くことも出来ない宗太郎君の闘病の日々を、宗太郎君のお母さんの語りによる闘病記から学びたいと思います。

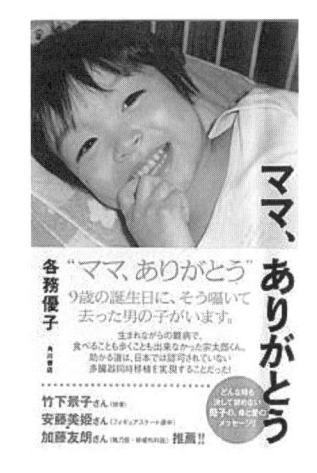

- 2008年1月22日、米国での多臓器移植の必要性を訴える記者会見の席で、宗太郎君の直筆のメッセージが配られました。

　　各務宗太郎です。ぼくはお腹が悪くてご飯が食べられません。良くなってご飯が食べられるようになりたいです。学校に行ってお友達と遊びたいです。お家に帰りたいです。おじいちゃんになるまで生きたいです。歩けるようになりたいです。手術が受けられるようにみなさんの力を貸してください。お願いします。

　　お母さんの各務優子さんは、このメッセージについてこう書いています。

宗太郎が自分の願いをこんなに率直に表したのは初めてのことです。宗太郎は願い事を書くのが、ずっと苦手でした。「どうせ宗太郎の願いはかなえられないんだから」と、七夕の短冊一枚書くのもつらそうな様子でした。それが、このときはとどまることを知らないかのごとく、たくさんあふれてきたのです。夢というには悲しすぎる。私はなんて不甲斐ないのだろう、もっともっと別の願いが持てるようにしたいと思わずにいられませんでした。

● 宗太郎君の『自己物語』は、手術をしてご飯が食べられるようになるために綴られ、語られていきます。その語りの文脈から、「自己物語を選んで生きる」ということについて、私たちも考えてみたいと思います。
　次のブログに続きます。

＊各務優子『ママ、ありがとう』角川書店　2009

Blog *16*　　　　　　　　　　　　　　　　　2010年5月26日（水）　21:01

もう一人の私 （宗太郎君の物語②）

● 特別授業に来て頂いてありがとうございました。授業を終えた後、配布した資料を読み返しながら、お話したこととは少し違うことを考えたり、授業前には気付いていなかった新しいことに気付いたりしました。そのことについて4回に分けてブログに書いていきたいと思います。これも「つくり、つくりかえ、つくる」ということです。物語の意味世界は固定できません。だからこそ、ナラティヴ・アプローチという考え方には自分の人生を豊かにする可能性があるのです。

● 宗太郎君は多臓器移植をするために渡米する前、優子さんに「手術がんばる」と言う一方、「ママ、手術しても死んじゃわないよね、大丈夫だよね」と何度も尋ねてきたといいます。生まれた時からずっと死を恐れてきた宗太郎君の意識が宗太郎君の心から消えてなくなることはないのです。『新しい私』を夢に描く一方、突然に『もう一人の私』が「死の恐れ」として立ち上がってきます。ただ、そのネガティブな意識を抑えて、ポジティブな意識に立てるかどうかということが分かれ道となります。宗太郎君は、「今の気持ち」というタイトルで、渡米の想いを次のように書いています。『夢を描く私』と『死を恐れる私』のあいだで揺らぎながら、宗太郎君はポジティブに夢を描き出します。

● アメリカに行く日が決まりました。2月21・22日です。ドキドキしています。手術がうまくいって食べられるようになりたいです。お好み焼き、たこやき、味そカツ、おすし、手まきずし、フライドポテト、ハンバーガー、ピザ、コロッケ、カキフライ、おにぎり、トンカツ、親子丼、カツ丼、ラーメン、ギョウザ、シューマイ、パン、サンドイッチ、たまごとうふ、かま飯、グラタン、ドリア、茶わんむし、カルボナーラ、ハン

バーグ、やきそば、おちゃづけ、うどん、おはぎ、おかゆ、魚の煮付け、なべすき焼き、しゃぶしゃぶ、おでん、ロールサンド、やきにく、ホットドック、ホットケーキ、明太子フランス、カレー（甘口）、おせんべ、アイス。まだまだいっぱいあります。美味しい物がいっぱい食べられるようになると思うとうれしいです。

　募金してくださったみなさんのためには、こんなはがきを書きました。

　いっぱい応援してくださってありがとうございます。今度は宗太郎がアメリカに行って手術がんばります。ちょっとこわいと思っています。でもみんなの応援があるからがんばります。食べる姿を見て欲しいです。

● 「どうせ宗太郎の願いはかなえられないんだから」と、七夕の短冊一枚書くのもつらそうにしていた宗太郎君が、「手術をして美味しい物をいっぱい食べる」という願い（自己物語）を強く意識したことによって、自分自身の持てるあらゆる力を『生きる力』に変えていくことになります。『無意識』という身体の深みの力も駆けつけてきます。そのことについてブログ17で書きます。

Blog *17*　　　　　　　　　　　　　　　　　　2010年5月27日（木）　21:10

無意識の力 （宗太郎君の物語③）

● 多臓器移植のためにアメリカに渡り、マイアミの地で懸命のリハビリが始まりました。注入用のポンプを背負い、肺を鍛えるためにハモニカを吹く。リハビリ室ではボール投げ、ゴムチューブを使った手足の訓練……けれども、優子さんが描き出す宗太郎君の物語の中で「生きている宗太郎」と小見出しの付いたこの場面が、最も生き生きとした宗太郎君が生きているのです。優子さんは次のように宗太郎君の姿を書き表しています。

● ごはんが食べられるようになるかもしれない、自由に歩けるようになるかもしれない。目標をもった宗太郎の瞳は輝いていました。しっかり座れるようにもなりました。（略）美しいマイアミのビーチにも行きました。白い砂浜を抱っこして歩くとしがみつきながら「わーっ、きれいだね」とおおはしゃぎ。それならと波に足をつけると、今度は「怖い、怖い」と半べそで叫びます。（略）

　ショッピングモールの遊び場に行ったときでした。ハイハイしながら動き回っていた宗太郎が、滑り台の頂上めがけて登り始めました。手の力だけで必死の形相で上る姿に、私たちも手に汗握るくらい応援しました。ついにてっぺんに辿りつき、振り返った顔には満面の笑みが浮かんでいます。「生きている」という実感がはじけるような笑顔でした。（略）

　最高のリハビリは、生きる楽しさを味わうことです。肺活量も先生たちをびっくりさせるくらいの良い数値を出すようになりました。加藤先生も「これなら手術大丈夫だ」。思わず宗太郎とガッツポーズです。（略）移植を待つ日々のなか、宗太郎はいっぱい笑い、いっぱいしゃべりました。車に乗ると、窓いっぱいに広がる海を眺めながら、CDに合わせて歌っていました。

● さて、夢や目標を持つということは、『意識』の力です。「意識すれば人生は変わるのか？」私は、そういうことをテーマにした本を片っ端から読んでみました。以下の記述は説得力のある例です。

　「そんなに簡単にはいかないよ」と疑う人もおられるかもしれません。けれども「人が言葉を語る」ということは、自分の脳内に「意識」をつくりあげることなのです。それは、私たちが「こうしよう」と実際に意識するときだけでなく、人間の意識活動の83％をも占めるとされる「無意識」にも影響を与えていきます。そして、「いったん意識された夢」は、人間活動の根底を支える自律神経系さえもコントロールし、実現されていくのです。これが人類が何百万年もかけた進化の上で達成した、すばらしいメカニズムにほかなりません。

（佐藤富雄『感謝ノートで夢は叶う！人生の図は自分で描ける』朝日新聞出版　2009）

● この時期の宗太郎君の生き生きとした笑顔は、夢を意識することによって、意識することができない83％を占める『無意識の力』に支えられた全身の力だったのです。つまり、自分自身の持てる力は、ポジティブに願い意識することによって、総動員であなたのために駆けつけてくるのだと言えます。

Blog *18*

2010年5月31日（月） 21:16

ありがとう（宗太郎君の物語④）

- 命がけの多臓器移植手術を終え、宗太郎君は、おかゆを口にすることができました。夢にまで見たお腹いっぱいご飯を食べることができる日を目前にして、DVHDという極めて発生する確率が低い合併症に苦しむことになります。そして「ママ、ありがとう」、そうささやいて9歳の命を終えました。優子さんは、宗太郎君の「ありがとう」の言葉について次のように書いています。

- 宗太郎は最後に「ありがとう」の言葉を残しました。私だけへのありがとうではありません。自分を生かしてくれたものすべてへの「ありがとう」だと思います。短く険しい人生でしたが、目はいつも輝いていました。生きる喜びを探し、実感すると人の目は輝きます。

  ベットの上の狭い世界でも、心は常に羽ばたいていました。決して屈することはありませんでした。自分の好きなことを見つけて、それに熱中しました。だからこそ、最後は「ありがとう」を贈ったのだと思います。自分を愛してくれたみんなに向かって。9年の間味わった、うれしいことや楽しいことに対して。子どもらしく、もっとわがままを言えば良かったのにとも思います。弱音を吐いてくれた方がラクだったのにとも考えます。

- でも、最後の時が迫るなかで、彼は急成長を遂げたのでしょう。伝えるべきことを、ひとことで表す言葉を自分で選びとったのだと思います。それを受け止め、彼の人生を伝えていくのが私の役目ではないかと思います。
  「生きることを大切にするとはどういうことか」
  人の永遠の問いに、彼は彼なりの「ありがとう」という言葉を残して、光のなかに入っていきました。

● (「あとがき」より)

　宗太郎、ママは宗太郎と共に生きることができて、宗太郎のママでいることができて、本当に幸せでした。あなたのがんばりにはいつも脱帽でした。それなのにママは毎日がめいっぱいで、ゆっくり抱っこして、「愛している」と、言ってあげられなくてごめんね。夢を叶えてあげられなくて……ごめんね。ママのほうこそ、永遠にありがとう。

Blog *19*　　　　　　　　　　　　　　　　　2010年6月2日（水）　22:17

「ママ、ありがとう」の意味
（宗太郎君の物語⑤）

● 　宗太郎君をなくした優子さんは、「ありがとう」を受け止め、宗太郎君のいないこれからの人生（自己物語）を歩んでいこうとしています。「それ（「ありがとう」）を受け止め、彼の人生を伝えていくのが私の役目ではないかと思います」と優子さんは書いています。私は、『ママ、ありがとう』と題されたこの本を紹介するために、繰り返し読んだり、抜き書きしたりしているうちに、本当は宗太郎君の「ありがとう」の意味は、優子さんの説明とは少し違うだろうと思っています。優子さんも分かっていると思いますが、物語の主人公でもある優子さんには書けないことなので、私が代わりに書きたいと思います。

● 　宗太郎君が「ありがとう」の言葉を、たくさんの人から受け取った場面が本の中に書かれています。多臓器移植のことを知らせる記者会見の後、宗太郎君のところには、たくさんの手紙が届き、ほとんどの手紙に「ありがとう」の言葉が添えられていたのです。宗太郎君は「ありがとう」の意味世界を次のような優子さんとの言葉のやり取りの中で受け取ったのです。

　「どうしてみんな宗太郎にありがとうって言ってくれるのかな？　ありがとうと言うのは、宗太郎の方なのに」
　不思議そうな感じで訊いてきました。
　「その人たちは宗太郎のことを知ってうれしかったり、励まされたりしたんだよ。知らない人でもありがとうと言ってもらえるとうれしいでしょう」
　「うれしい」
　「うれしかったら、ありがとうを返そうね」

（この時、「ありがとう」という言葉の意味は、宗太郎君にとって、言われると一番うれしい言葉、世界で一番人を励ます言葉となったのだと思います。）

　優子さんは、宗太郎君との最後の時について、次のように書いています。

● 　人工呼吸器をつなげなくてはならないほど体内に酸素が低下して、とても苦しいはずなのに「ママ、ありがとう、ありがとう」と私を気づかう宗太郎を見て、たまらなくなりました。
　（略）
　９月４日、薄く目を覚ますと、一生懸命唇を動かして何かを訴えます。
　じっと見つめると「抱っこ」だと分かりました。
　「抱っこしてほしいの？」
　大きくうなずきました。でも、身体じゅう、何本もの管がつけられているので、普通の抱っこはできません。
　「ごめんね、宗ちゃん。上からの抱っこでがまんしてね」
　上からそっと身体を包みました。
　「管が抜けたら、いっぱい抱っこしてあげるね」
　口パクの抱っこが、最後のコミュニケーションになりました。

● 　宗太郎君の最後の「ありがとう」は自分に対して向けられた言葉だとは、本の中で優子さんには書けなかったのでしょう。けれども、宗太郎君は人からもらって一番うれしい言葉を選び、「ありがとう」を世界で一番大好きなママに言いたかったのです。そして、本当はママに抱っこしてもらう腕の中で、ママを励ますために「ママ、ありがとう」と言いたかっただろうと思います。

Blog *20*　　　　　　　　　　　　　　2010年6月3日（木）　20:44
ピッタリとした靴を履かせる

● 　ある男子学生に「学長、ブログ読んでますよ！」と声をかけられました。「え？　本当なの？」と思わず答えてしまった後、「読んでくれていると思うと私も頑張れるよ」と付け加えました。本当にそう思いました。

● 　その男子学生は、その後、次のように話を続けました。
　「親も読んでます。僕よりも先に読んでいて『いいこと書いてあったよ』って言うんです」
　ささやかなブログに大変な味方がいたものだと感謝の気持ちでいっぱいになりました。今週末は、父母の皆さんが集まる後援会総会があります。集まっていただいた皆さんにお話することを考えながら、このブログを書いています。

● 　「何かのお役に立つか分かりませんがお受け取り下さい」とのメッセージを添えて、『園長先生の子育て講座』（小鳩保育園理事長　関定夫著　日本プランニングシステム　2009）という本を頂きました。今回のブログのタイトルにした「ピッタリとした靴を履かせる」という見出しのページには次のように書かれています。

　子供はすぐ大きくなるので、ピッタリした靴ではなく、少し大きめの靴を買う親を多く見かけます。そうした傾向は最近とくに顕著になってきているようです。
　気持ちはわからないわけではありませんが、そうしたことの弊害が後々出てきます。若者と呼ばれる年頃になっても大きい靴をぱたぱたさせて歩いている光景をしばしば見かけますが、それも一つの後遺症のように思われます。
　（略）
　靴も衣服も、ただ履いたり着たりするのが目的ではありません。子供のときから正し

い動きや動作を身につけ、楽しく運動するには、履きやすい、動きやすい靴や衣類が必要です。そのことを一番に考えてほしいのです。

● 　行楽地、スーパー、コンビニ、いろいろな場所で親子連れを見かけますが、最近は「大きめの靴」を通り越してサンダルのような履物に変化してきているようにも感じます。些細なことですが、私たちは立ち止まって考えてみる必要があるかも知れません。
　そんなお話をしてみたいと思っています。

Blog *21*　　　　　　　　　　　　　　　　　　　2010年6月5日（土）　16:00
彩り

- 「総会」というのはどこか形式的ですが、今日の後援会総会の質疑の場面で、何度か質問をしてくださる方がいました。たとえば、「地域に貢献する大学になっていきたい」という私の挨拶の中での言葉を肯定的に受け止めて下さり、そのことは決算書のどの項目に反映されているかということを確認されました。その質問のおかげで、私たちが進もうとしている方向に陽が差したように思います。そして、その質問によって決算書だけでなく、多くの方の予算書の見方も変わったかもしれません。ものごとに対しての『誠実』な行動が、場の空気に「彩り」を与えていくのだと思います。

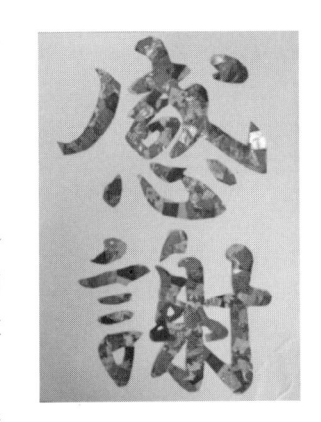

- もう一つうれしいことがありました。ある学生のお母さんから色紙を頂きました。

- 私は頂いた色紙の文字を見て「何で、私が頂けるのですか？」と言葉になりかけていた質問を引っ込めました。『感謝』という言葉を大事に持って生きておられる方なのだと感じたからです。そして、その気持ちを分けて頂いた気がしました。そういう方に「学長には、この言葉だと思いました」と言って頂いたことがうれしく、大事にしたいと思っています。『感謝』という心性は、人と人のあいだに、いつもそっと彩りを添えます。

- 『誠実』とか『感謝』とかの心根に触れることができ、味気ない私の時間の淀みを流していただいた気がします。

Blog *22*　　　　　　　　　　　　　　　　　　　　　2010年6月7日（月）22:34

私のなかの「過去」からのメール

● 最近一通のメールが届きました。中学校時代の同級生からでした。そして、メールの内容は同級会開催の案内なのでした。私は長野県の出身ですが、中学生の頃に住んでいた家は手放されてもう誰が住んでいるかも分からない状況です。その上、私自身、転々と引っ越しを繰り返してきましたので、同級会開催を私に知らせる方法は同級生にはなかったはずでした。同級生は、行方知れずの私を見つけ出しメールをくれたのです。同級会開催は往復ハガキで半年近く前に案内されていたようですが、私がメールで知ったのは同級会実施日の一週間前のことでした。

　いろいろと仕事の都合もあり、出席を断念しかけましたが、何とかして出席しようと思いました。それは、今、このブログでテーマにしているナラティヴ・アプローチ（自己物語化）に関わるのではないかと思ったのです。

● 会場では30年ぶりの再会であり、はじめは顔を見ても名前を聞いても、記憶が断片的にしか甦ってこない自分を残念に思っていましたが、一人ひとり近況を報告し合っているうちに、パズルが次々とはまっていくように中学時代を取り戻すことが出来ました。同級会の会場が中学時代の教室にタイムスリップしたような錯覚さえ覚えました。実は30年ぶりの再会に抵抗のあった方がほとんどでしたが、中学生の頃に言いそびれたままの「ありがとう」や「ごめんね」を懐に持って集まってきたことが分かりました。

● 私は、同級会を終えて家に帰り眠ったとき、本当に久しぶりに「夢」を見ました。最近、睡眠中に「夢」を見ることも少なくなったと感じていたのですが、中学2年生の時の教室で、クラスで一番体格のよい友人とクラス中を巻き込んだ取っ組み合いの大喧嘩をしている「夢」を見ました。この出来事は中学時代に実際にあったことで、同級会の席でも話題に上りました。

この夢から覚めた時、中学時代の記憶が鮮明に思い出され、クラスメイトの名前と顔も次々と想起できる自分を取り戻していることには本当にびっくりしました。同級会が始まる時、「この人、誰だっけ？」と思ったこと自体が不思議なほど、いろいろな場面を思い出せるのでした。

　水を入れたビーカーの底に粉が積もって沈んでいるように、私たちの意識（心）の底には、意識できなくなった記憶の断片が沈んでいるのだと改めて思いました。その辺りを「深層意識」と言いますが、同級会でいろいろなことを語り合っているうちに、記憶の断片は深層意識から意識できるところ（表層意識）に浮かび上がってきたということなのかと私は思いました。そして、その夜、眠っている間に「夢」を見ながら、記憶は更に流動化し結びついていったのでしょうか。30年がかりの「自己意識」の大実験をしたような気分です。

● 私たちの「自己意識」は「過去」と「未来」を行きつ戻りつしています。「過去」が意識の底に沈んだままであるということは「未来」を志向する意識の根拠を失うということではないかと思います。私たちは、柔軟性をなくして固定化していく「意識」や枯渇していく「五感（身体性）」を活性化し、生き生きとした感覚を呼び戻すために、自分の「意識（心）」というビーカーにガラス棒を入れてかき混ぜることが、ときどき必要なようです。思い切って同級会に出席してよかったと思っています。

Blog 23
『世界は一冊の本』

2010年6月8日（火） 21:42

● 水を入れたビーカーの底に粉が積もって沈んでいるように、私たちの意識（心）の底には、意識できなくなった記憶の断片が沈んでいる。その辺りを「深層意識」と言いますが……と前回のブログで「意識」の構造に対する私のイメージを形容しました。しかし、実際の「意識」にはビーカーのような底はない。意識の深みは、意識できない「無意識」の領域となって広がっています。井筒俊彦は著書『意識と本質』の中で、この意識の深みの終極するところを「意識のゼロ・ポイント」とし、「心のあらゆる動きの終極するところ」であるとしています。

● 「心のあらゆる動きの終極するところ」は、心のあらゆる動きが創発するところとも言えます。そのような意識の深みが、粉が積もって覆われてしまっていたら、私たちの意識（心）は痩せていくしかありません。だから、やはりガラス棒でビーカーの底の沈殿物を動かすようにかき回すことが必要だと思います。次に紹介する『世界は一冊の本』（長田弘詩集　みすず書房　2010）の詩の一節も、「深層意識」への通路となる五感を働かせることを促しているようです。

●　　世界は一冊の本

　　　本を読もう。
　　　もっと本を読もう。
　　　もっともっと本を読もう。
　　　書かれた文字だけが本ではない。
　　　日の光り、星の輝き、鳥の声、
　　　川の音だって、本なのだ。
　　　ブナの林の静けさも、

ハナミズキの白い花々も、
　　おおきな孤独なケヤキの木も、本だ。
　　本でないものはない。
　　世界というものは開かれた本で、
　　その本は見えない言葉で書かれている。
　　（略）
　　2000億光年のなかの小さな星。
　　どんなことでもない。生きるとは、
　　考えることができるということだ。

● 確かに『世界は一冊の本』だと思う。あなたが意識したことが、あなたの内的な『世界（心）』に記されていくのです。詩人は巧みに『世界』を言葉に置き換え、私たちに『世界』を開示してくれます。だから、詩を読むことも豊かな『世界』と出会う方法となるのです。

＊井筒俊彦『意識と本質』岩波文庫　1991

Blog 24　　　　　　　　　　　　　　　　2010年6月10日（木）　22:31

『明日、また、きっと。』

● 「五感（身体性）」を働かせ、柔軟でみずみずしい意識を保つことなど、あなたが若ければ若いほど考える必要がないと思うことでしょう。

● 一編の詩を紹介します。時々、私はこの詩を大学生に向かって朗読することがあります。心の中で読んでみてください。そして、その後でもう一度、今度は声に出して自分に読み聞かせてみてください。

● 　　明日、また、きっと。
　　　　　　　　　　　二瓶弘行

　　今日、私は笑った。
　　針がコチコチ動く時計がよめた。
　　漢字で「遊ぶ」と書けた。
　　鉄棒でダンゴ虫が五秒できた。
　　アサガオに水をじょうろであげられた。
　　大嫌いな給食の牛乳を一口だけ飲めた。
　　赤いゴム風船をいっぱいにふくらませた。

　　サッチンに自分から先に「ごめんね」と言ったら、
　　サッチンも笑って「ごめんね」と言った。
　　今日、私は笑った。

　　今日、私は泣いた。
　　ヤゴの「チビ」が空を飛ばずに死んじゃった。　　（※ヤゴ＝トンボの幼虫）
　　リコーダーの高いドの音がどうしても出ない。
　　二重回しが五回目になると、いつも足がじゃまする。
　　隣の席のアッ君のように、きれいな鶴が折れない。
　　たった三行だけしか書けないでチャイムが鳴った。

「遊ぽ。」と言えなくて、今日の昼休みは一人ぼっち。

学校の帰り道、「私は弱虫かなぁ。」と思ったら、
急に悲しくなって、目から涙が少しこぼれた。
今日、私は泣いた。

今日、私は不思議に思った。
宇宙の果ては無限の闇？　それとも無限の光野？
人は何故、憎しみ合い闘うのか。同じ人間同士なのに何故。
ゼロって何？　すべての始まりなのか、すべての終わりなのか。
鶏肉を食べ残す私と、一切れのパンがなくて命尽きるあの子。
たった一つの言葉が人を救い、たった一つの言葉が人を打ちのめす。
大人と子ども。境界線を引くのは一体、誰。

どうして仲間の笑顔は、あんなにも輝いているんだろう。
私の笑顔をも、仲間達には輝いて見えるんだろうか。
今日、私は不思議に思った。

今日、私は笑った。
今日、私は泣いた。
今日、私は不思議に思った。

明日、また、たくさん笑って、泣いて、不思議に思うだろう。
明日、また、大好きな学校で、大好きな仲間達と。
明日、また、きっと。

（二瓶弘行編『いまを生きるあなたへ　贈る詩50』東洋館出版社　2007）

● どうでしたか？　もしも、何かしらの「感じ」が心に残るのでしたら、あなたの心は動いたということでしょう。そして、その動いた心で誰かに朗読してあげたらいいと思います。

Blog 25　　　　　　　　　　　　　　　　　2010年6月14日（月）　21:03

どんな自己物語を生きているのか

　（ブログ7「『本当の自分』づくり」で、榎本博明の著書『社会人のための「本当の自分」づくり』を紹介しました。この本に書かれていることを基にして、私が経験したことについて考えてみました。）

● あなたは幼い頃を思い出すと、どんな場面をどんな思いで想起するでしょうか。きっといろいろな思いが込み上げてくることでしょう。以下に、私が以前に担任した小学1年生の生活場面を写したスナップ写真4枚を載せますので見て下さい。

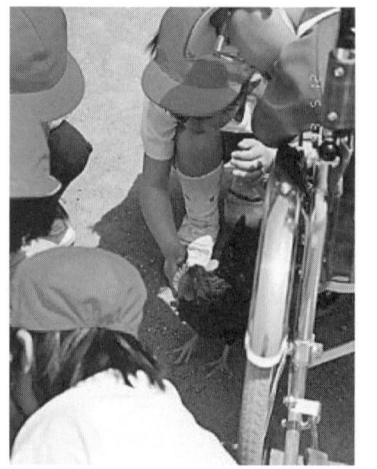

①

②

③

④

● 物語が出来上がっている四コマ漫画でさえ、その一コマだけを見ても何のことだか分からないのが普通です。まして、スナップ写真が羅列されて、一つ一つに意味付けをし、その意味をつないでいくことは難しいことでもありますが、現実を当事者として力強く生きるためには必要なことなのだと思います。スナップ写真は、私にとっては次のように並んでいます。（※写真①〜④に対応しています。）

①まさと君という車椅子で生活する子が、このクラスにはいます。手も不自由なので給食の用意は、友だちがみんなで協力します。

②休み時間は中庭に出て遊びます。友だちがチャボをまさと君のところに運んでくるので、まさと君はチャボとも遊ぶことができます。

③シャボン玉をつくって遊んだ時も、ジャングルジムよりも高く飛ばすことができました。
　　④春を探しに、みんなで野原に出かけました。みんなは、大喜びで走り回りました。先生は、まさと君がレンゲ草を摘めるように、まさと君を車椅子から降ろしました。でも、まさと君は淋しそうです。

● このクラスの子どもたちは、まさと君に関わる『自己物語』を、まさと君にとっても意味があると思われる行動によってつくり出していきます。そして、その意味の流れは保護者からも支持され、学級の物語（社会）として共有されていくのです。榎本博明は、このことに関わることとして次のように『社会人のための「本当の自分」づくり』のなかで記述しています。

　　人生とは出来事の単なる羅列ではありません。人生というからには、過去から現在に至る、さらには未来へと続く有意味な流れがなくてはなりません。私たちの日々の行動は、採用している自己物語に基づく過去の解釈と未来の予測によって構造化されているのです。私たちは、先立つ出来事や後に続くと予想される出来事に照らして意味があると思われる行動をとっているのです。このように、私たちが現実生活を生きるということは、採用している自己物語の文脈に沿って現実を解釈しつつ行動をとることをさします。現実社会を力強く生きるということは、自分の生きる現実に意味を与えてくれるような自己物語を採用することだと言ってよいでしょう。

● このクラスの子どもたちは、まさと君に対して実行に移せる行動を積み重ねながら、それを意識的に行い、習慣化していきました。まさに「つくり、つくりかえ、つくる」の連続の日々だったと思います。1998年、長野でパラリンピックが開催された時、このクラスの子どもたちは、まさと君を中心に聖火リレーチームを結成し、長野の街を走りました。子どもたちは、その時には６年生になっていました。
　　私たちの人生には、すでに生きられた『自己物語』が組み込まれています。よいことばかりではありませんが、積極的に『自己物語』のかけらを組み合わせて、自分の未来を描く姿勢は大切にしなければなりません。好ましくないと思う『自己物語』も解釈を変えることで、あなたが生きている現実を変え、未来を変えるきっかけになるのです。

＊榎本博明『社会人のための「本当の自分」づくり』講談社＋α新書　2006

Blog 26
2010年6月15日(火) 20:47
『もう一人の私』とは

- 自分にあった『自己物語』を採用すると言っても、私たちは『自己物語』の全体像を描けているわけではありません。はっきりとした目標や夢が描けていれば、そこに向かって直走りに走る『自己物語』を生きることもできますが、そういうことが必ずしも明確でないところを私たちは地道に歩いていかなければなりません。「その都度、選択に迫られて悩みながら判断し、進む」。人生はその繰り返しですが、過去におけるあなたの選択、今この場のあなたの選択、未来において予測されるあなたの選択などを通過点としてつなげば「線」になり、自分の歩く道の方向性（物語）は見えてきます。その都度の選択に意味のつながりを欠く時、「バラバラな私」などと形容される不安状態に陥ることにもなるのです。

- さて、ここで大切なことは「選択が複数の視点から見てなされる」ということです。複数の視点から見てなされる選択が、『自己物語』の意味を深めていくことになります。「複数の視点から見る（リフレーミング）能力」について、國分康孝は『18歳からの人生デザイン』の中で次のように書いています。

　『リフレーミング』というのは、「ものは考えよう」といったような意味です。同じことでも、違う観点から見れば違う意味があるということです。例えば、ウィスキーのボトルにウィスキーが半分入っている状態を見て、「もう半分しかないのか」というのも正しいですが、「まだ半分あるじゃないか」というのも正しいわけです。物理的な現象は一つなのに、「もう半分」というのと「まだ半分」というのでは、意味の受け取り方

に差があります。そのように、一つの事象に複数の意味づけをできる人が、リフレーミングできる人と言われます。

● リフレーミングするためには、自分の中に視点の違う『もう一人の私』を立ち上げなければなりません。「ものは考えよう」ですが、『もう一人の私』が安易にものを考える存在であれば、それに応じ意味に深みのない自己物語がだらだらと流れ出します。人生の意味に深みをもたらすためには、『私』は『もう一人の私』と常に注意深く対話しながら、『自己物語』のその都度の意味を選択していかなければなりません。

● つまり、『もう一人の私』とは、『私』の心に住みついている相談相手です。
　　あるときは母の声であり、父の声であり、
　　あるときは友人の声であり、先生の声であり、
　　あるときは過去の『私』の声であり、未来の『私』の声であり、
　　あるときは天の声であり、木立の声であり、
　　そして、あるときは書物の声であり、
　　『私』のなかの多種、多様な「他者」の声なのです。
　　『内なる他者』と記述する心理学者もいます。

＊國分康孝『18歳からの人生デザイン』図書文化社　2009

Blog 27
2010年6月17日（木） 23:05

負のスパイラルから抜け出す方法

● ブログ26でリフレーミングとは「ものは考えよう」といった意味ですと書きました。また、リフレーミングするためには、『もう一人の私』という相談相手が心の中に必要であることも書きました。そして私たちの「脳」は、そのような自己内対話を可能にする神経回路のメカニズムをもっています。「心」の問題に「脳」の視点を持ち込むのは唐突ですが、「負のスパイラルから抜け出す方法」を考える上では「脳」の問題として捉えた方が対処の仕方もあると思ったのです。

● リフレーミングしても、リフレーミングしても、マイナスの感情に終始することが誰にでもあります。その時に「ものは考えようだよ！」と言われても、マイナス感情でしか考えられない自分を責めてしまうでしょう。『私』も『もう一人の私』もマイナスの感情を持って話し合うのですから、マイナス感情は増幅するばかりでどうしようもありません。脳科学者の茂木健一郎は、このことについて次のように述べています。

　いつまでも失敗したことばかりに目をやっていると、マイナスの感情の回路に切り替わってしまいます。脳の中で、マイナスのスイッチがパチンと入ってしまう。そうなると、なかなかその回路をプラスに切り替えることができなくなる。いつまでもグルグルとマイナスのスパイラルの中にいることになる。これを『引き込み現象』と呼んでいます。まさにプラスの発想をしようとがんばっても、マイナスの感情の渦の中に引き込まれてしまうわけです。

　そして脳がマイナスの感情に支配されてしまえば、体にも悪影響を及ぼすことにな

ります。体がだるくて朝起きられなくなる。仕事に出かけようとしても行けなくなる。……脳の引き込み現象とは、性格やタイプという問題ではありません。それは科学的に見ても、非常に危険な現象であるのです。

● 私は、私自身がマイナスの感情を抱え込むというネガティブな思考に支配されている時、闇雲に悩むことをあえて止めます。それは脳の問題として捉えた茂木氏の次の指摘に納得しているからです。だから、いったん問題から逃げているように思えても自己嫌悪に陥る必要などもないのです。

　脳の神経回路というのは、使えば使うほど強化されるものです。たとえば数学者ならば、日々数学の問題を考え続けているので、数学に使う回路が強化されます。毎日文章を書いている小説家は、文章を書く回路が活発に働くようになる。そしてこのメカニズムは、同じようにネガティブな事柄まで学習してしまうのです。つまり、いつも自分のコンプレックスばかりを気にしてクヨクヨしていたら、それを脳が学習してしまう。変な言い方ですが、クヨクヨすることが得意になってしまうのです。「いつまでもクヨクヨするな」という励まし言葉がありますが、これはとても理に適ったアドバイスだと言えるでしょう。クヨクヨすることで、さらにクヨクヨが強化される。脳のシステムとはそういうものであることを、まず認識しておくことです。

● このような理由で、私は「クヨクヨ脳」を強化しそうな時には負の感情を抑えながら、ポジティブな『もう一人の私』を立ち上げることができるまで、『私』の充電期間とします。そして負の感情の占める割合が小さくなると、友人や同僚、家族の言葉や読んだ本の考え方に触れることで、ポジティブな『もう一人の私』が立ち上がり、「クヨクヨ状態」を乗り越えていくことができると思っています。私たちの「脳」には、そういう潜在能力があるのです。

＊茂木健一郎『感動する脳』PHP文庫　2009

Blog 28

2010年6月20日（日） 23:14

ハードル

- 当初、目標にしていたブログ30まで、もう一息のところまで来ました。「あなたに」という投げかけに応じて読み続けてくれた人には、心からお礼を言いたいと思います。ブログ27では「いつまでもクヨクヨしない方がいいよ」と、あなたに伝えたつもりです。さて、ブログの読み手である「あなた」とはいったい誰だったのでしょうか？「あなた」は特定の一人ではありませんでした。その中の一人であると確実に言えるのは、実はこの私自身です。クヨクヨするのは私なので、「クヨクヨしない方がいい」と私自身に呼びかける必要がいつもあるのです。今まで書いてきたことの全てが、「あなた」と呼びかける『もう一人の私』を読み手にしています。書くということは考えることであり、書き手の『私』と読み手の『私』が支え合い高め合う作業だと言えます。

- 書き手の『私』と読み手の『私』が支え合い高め合うところには、目標や願いや自制心が生まれます。したがって結果として書くことは、自分にとって越えなければならないハードルを越えていくことになるのです。『私』にとって『もう一人の私』がハードルとなり、『もう一人の私』にとって『私』がハードルになる。つまり生きるということは、『私』が『私』を越えていくことなのです。そのことを私は「つくり、つくりかえ、つくる」と言っています。もしも『自己物語』がそういう連続で、あなたから語られるならば、どんなにすばらしいことでしょう。どんなに小さな歩みであっても構わないから、越えていきたいのです。『自己物語』のページを自分で閉じてはいけません。

- 私は、心底あなたに伝えたいメッセージがあったのですが、空回りして書けないでいます。それで、このブログを半分書いただけでしばらく放置していました。その間、私

は以前から気になっていた「twitter」の世界を覗いてみることにしました。それは私も「つぶやき」に参加するということです。ここはポジティブな「つぶやき」と「励まし」に溢れていました。そうでなければ意味がないでしょう。私はブログ27「負のスパイラルから抜け出す方法」について呟きました。すると、ある方から次のようなフォローがありました。

①『負のスパイラルから抜け出す方法』参考にさせていただきたいと思います。私の大事な人が今、まさに負のスパイラルから抜け出したくて、もがいています。私は話を聞くことくらいしか出来ませんが、いつか彼が抜け出せるよう、見守っていきたいと思います。

②ありがとうございます。それだけでいいんですよね。自分のペースを保ちつつやっていきたいと思っています。また、リプライかダイレクトメールでお話させてください。あと、ちょっと、「臨床美術」のHPも覗かせていただきました。私には興味深かったです。

③あたしは、たぶん、ほんとのあたしを知らない知人にこれを見られたら、えー！こんな人だったの？と言われそうです。(笑)では、また。おやすみなさい。

● 彼女の「つぶやき」①②③の間には、私のフォローが存在します。しかし、彼女は自分なりの答えをちゃんと持っていて、「それでいいんだよ」と私が同意するのを待っている。彼女の中の『もう一人の私』は、他者の「つぶやき」の応援を受けて、悩んでいる自分を乗り越えてしまう。「他者」はそんなふうに、前に進もうとしている私たちの背中を押してくれるのです。「twitter」のフォローにもささやかながら、そんな力があるのかも知れません。

Blog 29

2010年6月23日（水） 21:17

『起承転結』

● 國分康隆は次のように述べています。

　人を不幸にする受けとめ方は、つじつまの合わない考え方です。むずかしく言えば「論理性に欠ける文章記述」です。
　学生が留年して、
　「僕は留年した。それゆえに、人生の失敗者である」
　という文章を心の中につくって悩んでいるとします。ところが、この「それゆえに」というのが曲者で、
　「僕は留年した。それゆえに、もう一年大学にいられて友達の数を増やすチャンスだ」
　「僕は留年した。それゆえに、同級生が社会人になって苦労しているとき、人生を考える時間ができて、人間として自分を深めるチャンスだ」
　というように、「それゆえに」のあとにはいろいろな文章が続くはずです。ところがよりによって自分が不幸になる文章を選んで、自分は人生の敗者であると悩む人がけっこういるわけです。

● ブログ27「負のスパイラルから抜け出す方法」で「クヨクヨ脳の負の感情を抑えて『もう一人の私』を立ち上げ、クヨクヨ状態を乗り越えよう！」ということを言いましたが、それはリフレーミングによって、どのような文章を選ぶかという問題になるわけです。文章の書き方で、『幸福』を呼び寄せる人と遠ざける人がいるということになります。先ほどの留年した学生の「僕は留年した。それゆえに、人生の失敗者である」という文章には『もう一人の私』の声が聞こえません。ポジティブな思考ができる『もう一人の私』を相談相手にすることもなく、独りぼっちの『私』が決めつけてしまった結論です。

私は、小・中学校の教員を23年務めました。単純に計算して【7日分×35週の日記】×【一クラス30人】×【教員生活23年】＝【169,050日分の日記】、つまり約17万日分の日記を読んだと思います。そういうたくさんの日記に出会ってきて、自分の力を発揮して未来をひらいていく多くの子どもには、共通の書き方があることに気づきました。その書き方は本人があまり意識していなくても、『起承転結』の流れになっているのです。ですから『起承転結』の形になる書き方を訓練することで、『幸福』を引き寄せる「生きる力」は身に付くと思います。

● 久保博正は「『いい文章』はわずか４行で書ける」として、ある小学生が書いた「ネコと柿の木」というタイトルの作文を取り上げています。

　　　屋根の上にネコがいました。　　　①【起】
　　　どうやって屋根に登ったのでしょう。　②【承】
　　　ある日、とうとうわかりました。　　　③【転】
　　　うらの柿の木から登ったのです。　　　④【結】

　各々の行がそのまま『起承転結』の形になっているのです。文章が【上手・下手】の問題ではなく、この『起承転結』の文脈力が大事なのです。この文脈力が『自己物語』の文脈をつくり、つくりかえて、豊かな人生へと導いていくのです。
　具体的な書き方を私は、以下のように提案します。難しく考え過ぎずに、とにかくやってみてください。

　　　題『　　　　　　　』※題を決めましょう。
　　　①【起】　とにかく書き始めましょう。【屋根の上にネコがいました。】
　　　②【承】　続けて思うことを書きましょう。【どうやって屋根に登ったのでしょう。】
　　　③【転】　『もう一人の私』が書きましょう。【ある日、とうとうわかりました。】
　　　④【結】　まとめましょう。【うらの柿の木から登ったのです。】

● 約17万日分の日記を読んできて、このような『起承転結』の流れがあり、なおかつ、

③【転】の『もう一人の私』によるリフレームをポジティブにする子どもが伸びていく。それが長年、教員生活を送ってきた私の実感です。③【ある日、とうとうわかりました。】は未来をひらく魔法の言葉です。そして『自己物語』のその都度の選択において、どちらでもいい場合は、自分が少しでも『幸福』になれる文章を選ぶ方が得だと考えて下さい。

　私は、このブログをいつも●印４つで書いてきました。『起承転結』の形を意識する上での参考にして欲しいと思って、そうしています。

　こうして書きながら、更に思うことは、『起承転結』は単なる「書き方」ではなく明日という未来をひらくための「生き方」だということです。

＊國分康隆『18歳からの人生デザイン』図書文化　2009
＊久保博正『たった４行で　すらすら書く技術』すばる舎　2009

Blog *30*　　　　　　　　　　　　　　　　　2010年6月25日（金）　07:45

明日へ

● 書くことの重要性が分かっていただけたでしょうか。実際に紙に書かなくても、『起承転結』の道筋で書くように考えることがリフレーミングになります。

● 國分康隆は、『18歳からの人生デザイン』「自分が動けば幸福はくる」のなかで、次のように書いています。

　不幸を嘆く人というのは（不幸とは、私の定義では欲求が充足されていない状況ですが）、どうすれば少しでも快適な状況に移れるかを考えない人。そして動かない人です。私がアメリカにいるときの経験ですが、なかなか職がないと言って落ち込んでいる人に、教授が「電話帳を見て、順繰りに、かたっぱしから電話しろ」と言いました。そうすると次の週、本人は「職が決まりました」と言ってきました。八方塞がりだと思っていた人も、「かたっぱしから電話をかける」というアクションを起こした瞬間から、問題が解けていったわけです。だいたい不幸を嘆く人というのは不精者が多いのではないでしょうか。月謝を出さずに教えて欲しいとか、入場料を出さずに映画を見せてほしいというのに似ている気がします。仏教の言葉で「精進する」という言葉がありますが、自分が何かしないと幸福はやってこないものです。ですから、自己中心的な人はだれかがやってくれるだろうと考え、自分から動かないから、不幸感からなかなか抜け出せないのです。

  1．自分の願望は現実的であるか。実現可能か。
  2．自分には簡単に不幸だと言ってしまう傾向はないか。実は不幸なのではなくて、不便なだけであり、快適でないだけではないだろうか。
  3．自分は動いているか。人が何とかしてくれるのを待っているだけなのではないか。

● 　長文の引用になりましたが、この三つの自問が私にも必要だなあとつくづく思い、「自分の願望（目標）」の実現に向けてアクションを起こしたいと考えました。そこで私は、私の考える「つくり、つくりかえ、つくる」にも深く関わりのあることが書かれている『社会人のための「本当の自分」づくり』の著者榎本博明氏に会いたいと思いました。まず私たち教職員に講演をしていただきたいと思いました。「小さな研究会ですがご講演をいただきたい」という旨のメールを、唐突かと思いましたが送ってみたのです。しばらくして、榎本氏から快く引き受けて頂ける旨のメールが私のところに返ってきました。もしかしたら、私のメールの勢いで断れなかったかも知れませんが。

● 　自分でひらく未来があるのです。また、偶然の出来事さえ、『自己物語』の文脈にどう位置付けるかは自分次第です。2ヵ月後には、榎本氏の『高校生・大学生の自分づくり　自己物語の心理学』という講演が聴けることになりました。少なくとも、その時に私はこのブログでまた何かを語り、次の私の『自己物語』の文脈へと自分を位置付けていくことになります。それが私にとっての「つくり、つくりかえ、つくる」です。だからもう書けることがなくなってきてしまったように感じる日々を抜け出して、また私は、あなたに『何か』を伝えることができると思います。

＊國分康隆『18歳からの人生デザイン』図書文化　2009

Blog *31*　　　　　　　　　　　　　　　　2010年7月19日（月）　19:42

未来予想図Ⅱ
『起承転結』の物語を探してみよう！

　　ブログ29で「『起承転結』の筋で考えることが重要です」という趣旨のことを書きました。新聞や雑誌のコラムを読むと『起承転結』の流れですっきり書かれていることが多いので、そういう見方で読んで『起承転結』を見つけ出してみるといいと思います。かつて流行った歌も、その歌詞を区切ってみると『起承転結』の筋の素敵な物語になっている場合がたくさんあります。

　　　未来予想図Ⅱ
　　　　　　　　　　　　　作詞・作曲：吉田美和
【1】
●卒業してから　もう3度目の春　あいかわらず　そばにある　同じ笑顔
　あの頃バイクで　飛ばした家までの道
　今はルーフからの星を　見ながら走ってる
●私を降ろした後　角をまがるまで　見送ると
　いつもブレーキランプ5回点滅　ア・イ・シ・テ・ル　のサイン
●きっと何年たっても　こうしてかわらぬ気持ちで
　過ごしてゆけるのね　あなたとだから
●ずっと心に描く　未来予想図は
　ほら　思ったとおりに　かなえられてく

【2】
●時々2人で　開いてみるアルバム　まだやんちゃな写真達に笑いながら
　どれくらい同じ時期　2人でいたかしら
　こんなふうにさりげなく　過ぎていく毎日も

●2人でバイクのメット5回ぶつけてたあの合図
　　サイン変わった今も　同じ気持ちで　素直に　愛してる
●きっと何年たっても　こうして変わらぬ思いを
　　持っていられるのも　あなたとだから
●ずっと心に描く　未来予想図は
　　ほら　思ったとおりに　かなえられてく
　　ほら　思ったとおりに　かなえられてく……

　【1】番も【2】番も●4つの場面が流れていきます。よかったら曲を聴いてみてください。

Blog *32*　　　　　　　　　　　　　　　　　2010年7月29日（木）　18:45

『青ペン』と共にある達成感

● 「つくりかえ作文技法」に取り組んでもらうと、私は『青ペン』でコメントを書いています。たぶん、あなたの手元に明日お返しすることができると思います。その封筒には新しい作文用紙が入っていますので、次のあなたの思いを書いて送ってもらえたらと思っています。「つくりかえ作文技法」は継続することが大切です。

● 私はこの『青ペン』を大量に買ってあります。昨年は作文のコメントを書くのに7本の『青ペン』を使い切りました。インクの減り具合が分かる『青ペン』ですから、1本1本使い切るごとに小さな達成感を味わっています。この『青ペン』は太字用です。細字用のペンに比べたらインクの減り方は早いので、達成感を味わえる機会も多くなります。これはズルイことではなく、前向きに頑張るための私なりのささやかな工夫なのです。私のブログには【通し番号】が付いていますが、この【通し番号】にも達成感を味わう秘訣が埋め込まれています。あなたもできる限り【通し番号】を付ける習慣を付けましょう。達成感とは、やり遂げた時にやってくるものですが、やり遂げていく過程が感じられるようにしていくことも大切なのです。また【通し番号】は間違いなく便利です。

● 今回コメントを付けた40枚の作文の中に、次のような文章がありました。

　「つくりかえ作文技法」の授業があると知り、とても不安でした。私は文章を書くことが上手ではないからです。小学生の頃から宿題で作文がありましたが、よく先生に赤ペンで修正されることが多く、"作文は苦手"というレッテルを自分に貼っていました。

　私も小学校の教員をしていた頃、赤ペンで文章や文字を修正することを仕事にしていました。正しいことを学ぶために必要なことでした。ただ私が今、ペンを持ってしてい

ることは、あなたが「感じ、考えて、書いていること」を直すためではなく、あなたが「感じ、考えていること」を更に進めてもらうためのお手伝いです。そのことを私自身が意識的にするために、赤ペンではなく『青ペン』を選んでいます。

● 昨年は７本の『青ペン』を使い切りましたから、今年は８本の『青ペン』を使い切ろうと思っています。繰り返し作文を送ってきてくれる人の『名前』は覚えていきます。私は作文と出会うのですから、あなたの顔は分かりません。でも、作文を読んでいると本当にあなたと出会えたという気持ちになることもあります。そして、あなたの『名前』に繰り返し出会う時、『青ペン』と共にあった達成感は、全く別の、もっと深い喜びに変わっていきます。

Blog *33*　　　　　　　　　　　　　　　　　　2010年7月30日（金）　22:15

もう一人の私（谷川俊太郎）

● ブログ26で『もう一人の私』とは、『私』の心に住みついている多種多様な「他者」の声なのだと書きました。『私』の心に住みついているのですから、過去のどこかで出会い、大きな影響を『私』に与え続けている『何か』なのです。先日、夏の日差しから逃れて立ち寄った本屋さんで、谷川俊太郎の『二十億光年の孤独』という詩集が目に留まりました。私はこの本を手に取った時、買おうかどうかという迷いはなく、「谷川俊太郎さんに再会できた」という喜びを感じました。そしてtwitterで、谷川俊太郎の『二十億光年の孤独』という詩集を買ったことにあわせて、私のように心底、谷川俊太郎が好きな人間はどれ程いるのかを問いました。

● 私の問いに何人かの方が応じてくれました。「谷川俊太郎さんはtwitterデビューしてますよ」「まだ7回しか呟いていないのにフォローしている人が4万人を超えてます」などの情報があり、私も42,667人目のフォロワーになりました。私が大好きな谷川俊太郎の詩に多くのファンがいるということは、私の感じ方、考え方、表すことも、多くの人々の心の中にある『何か』に通じているということです。私はこれまで書いてきたブログで2度、谷川俊太郎さんの詩を登場させています。今回『もう一人の私（谷川俊太郎）』などとブログのタイトルを掲げ恐縮ですが、私たちの心には、谷川俊太郎的な『もう一人の私』が住み込んでいるに違いないのです。

● 私は遠く長野県に自宅があるので、大学に通える所にアパートを借りています。以前から、そのコンクリートの通路で真っ黒な子猫が鳴いています。部屋の扉の前で鳴いているので、たぶん餌をもらおうと、その部屋の住人を待っているのです。来る日も来る日も、部屋の扉の前で待っています。子猫を見かけない時は、部屋に入れてもらって、何かをもらって食べているのでしょうか。私の中の谷川俊太郎的な部分（心）は、ずっ

と痛みを感じています。

　野良猫くろ

　そうやって誰かを待っている野良猫の「くろ」
　くろ、そんなに真っ黒だと、みんなそう呼ぶだろう
　警戒心もなく、おまえは近寄ってくるから、
　僕は、これ以上、近づけない

● 　この黒い子猫が通路に居着いていることに、何人もの住人が関わりをもっていると思います。でも誰かが餌をやっているところを、一度も見かけたことがない。きっと、こっそりと餌をあげているのです。そして部屋の外でいつまでも止まない子猫の鳴き声に、知らない者同士が、部屋の中で心を痛めているのです。谷川俊太郎的な『もう一人の私』が子猫は今夜どうしただろうかと、その鳴き声に耳を澄ましているのです。

Blog *34*   2010年8月3日（火） 21:04

「じゃあいつやるんや？」
（『夢をかなえるゾウ』①）

● 「枕元にヘンなのがいる。象のような長い鼻。鼻の付け根からのぞく２本の牙（片方の牙はなぜか真ん中あたりで折れている）。そしてぽってりとした大きな腹を４本ある腕の一つでさすっていた。」（水野敬也『夢をなかえるゾウ』飛鳥新社　2007）
　ガネーシャという、なぜか関西弁で話すインドの神様から、「変わりたい」と思っているあなたに次々と課題が出されます。課題の１つ１つは難しいものではありませんが、この「ガネーシャ式」は、あなたの人生を大きく変えるほどの効果を持つものだと言います。次のようなガネーシャと「僕」とのやりとりの場面があります。

● (pp.12-13)
　「で、どないすんねん」
　「どないする、とおっしゃいますと？」
　「いや、せやから……話聞いとった？　自分、変わりたいの変わりたいの？　どっち？」
　「そ、そりゃ変われるものなら変わってみたいですけど」
　そう口にして僕はうつむいた。
　（略）
　変わりたいと思う。
　でも、いつしか「変わりたい」という思いは、「どうせ変われない」という思いとワンセットでやってくるようになっていた。

● 　さて、驚くほど大きく話が変わります（笑）が、つい先日、オープンキャンパスに参加して「つくりかえ作文技法」に取り組んでくれた方の作文に、私はコメントを付けてお送りしました。そして、私の手元から離れてほっとしたのも束の間、№2の作文が私の元に送られてきました。たぶん、№1の作文のコメントを読んですぐに新しい作文に

取り組まれたのだろうと思います。私は驚きと同時に心の中でニヤリとしました。ガネーシャのホメ言葉が聞こえてきたからです。
「いやあ、今までいろんな子教えてきたけど、まあのっけからここまで心ゆさぶられたんは、正直、はじめてや」

● 実は、ガネーシャはこんな説教をしていたのです。
（p.267）
「じゃあいつやるんや？」
「いつって……分かりませんが、とにかく今は難しいです」
「けど、今までかて難しかったんやろ。ほんなら、いつ簡単になるんかいな？　その根拠はどこにあるんかいな？　それってまた未来に期待してへんか、自分」
「……」
「今日やるんや」
「えっ？」
「そのやらずに後悔してること、今日やるんや」
「無理です」
「なんでやねん。ええか？　今日やらんと一生後悔するで。みんなそうやって死んでくんや。もし、『みんな』と『自分』に境界線引くチャンスがあるとしたら、それは『今』以外ないで」
「でも……」

（人に言われたくないですが、神様に言われるのですから確かにそうだと思わざるをえません。それにガネーシャの関西弁は結構、笑える。ぜひ、この本を読んでみたらいいと思います。それから、「つくりかえ作文」にどんどん取り組んでみてください。
たぶん、ガネーシャはこう言うでしょう。
「今やらんやつが明日ならできるん？」
などと言っているところに、2人目、3人目の作文が送られてきます。
「すごいやん！」）

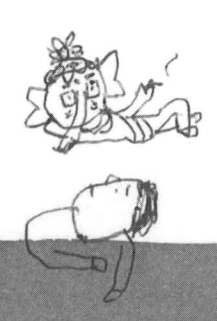

Blog *35*　　　　　　　　　　　2010年8月5日（木）　21:50

「違うねん」（『夢をかなえるゾウ』②）

● 『夢をかなえるゾウ』という本の中で、私は神様のガネーシャに出会ってしまったので、出会う前の『私』には戻れない。何か出会うということは、そういうことです。一冊の本を読み終えれば、読む前の『私』には戻れないということは自明のことです。つまり、自分でたぐり寄せる具体的な出来事によって「つくり、つくりかえ、つくる」という状況は、勝手に向こうからやってくるのです。ただ、その「つくりかえ」がどこに向かうのか、よい方に向かうのか、むしろ悪い方に向かうのかは、あなた次第ということなのです。私はガネーシャに出会ってしまい、このブログを更新しています。書きたくなってしまったのです。「書かなければならない」という意識で書いているわけではありません。あなたに『何か』を伝え続けることが、私の「願い」ですから。

● 「『つくり、つくりかえ、つくる』なんて、もう無理！　これ思うと憂鬱になる……」
なんて思っているあなた。
　「違うねん。悪いんやけど、ちょっと、マジメな話してええ？」
と切り出すガネーシャは、次のような説教をするでしょう。

● （p.140）
　「よく、『夢は強く思い描けば実現する』て言うやん？　まあ確かにそれは正しいんやけど、この言葉勘違いしてしもとるやつが多いねん。思い描けば実現するなんて言われると『夢を思い描かないといけない』て考え出すやつがおんねんな。なんちゅうか、それって親や周囲の期待に応えようとして無理やり考えてるのと似てるわな。そうやって『夢を思い描かないとダメだ』いうふうに思う癖が身に付いてしもとるやつは、夢を想像することに逆にプレッシャー感じたりすんねん。でも本来の夢って違うねん。誰に言われるでもなく、勝手に想像してワクワクしてまうようなんが夢やねん。考えはじめた

ら楽しゅうて止まらんようになるんが夢やねん。そういう想像のしかたを大事にせなあかんねん」

● となると、ガネーシャは、更にこう言うでしょう。
「『つくり、つくりかえ、つくる』やて、同じやねん。『自分をつくりかえなければならない』て意識して力むようなもんちゃうねん。『つくり〜、つくりかえ〜、つくる〜』て些細なこと楽しゅうすればいいねん」

（pp.28 〜 31）
「よう見てみいや、自分の靴。めちゃめちゃ汚れてるやんけ」
僕は下駄箱と靴置き場に視線を落とした。黒色の革靴がばらばらに置いてある、いや置いてあるというより捨ててあると表現した方がふさわしいかもしれない。
「ほな、ワシ寝るわ」

＊水野敬也『夢をかなえるゾウ』飛鳥新社　2007

Blog *36*   2010年8月6日（金） 21:27

祈る（『夢をかなえるゾウ』③）

● 『夢をかなえるゾウ』という本を読み、ガネーシャという関西弁をしゃべる神様を知ってしまってから、私の頭の中で関西弁をしゃべるヤツがいるのです。ガネーシャです。
　そんなわけで、私のtwitterの呟きも、気を付けていないと関西弁になりそうなのです。私は関西に住んだこともなければ、関西弁もしゃべれない。あの本を読んでしまってから、ガネーシャは私の中の『もう一人の私』になってしまったのです。そして、ついにガネーシャは目の前に現れました。

● （アパートの一室）
　「暑いなう！」
　私は、ベッドの上で眠りから覚めて、3時間おきに勝手に切れてしまうエアコンのリモコンに手を伸ばした。
　「なにが、『暑いなう～マンゾウ』やがな。夜中、twitterで呟きすぎちゃうか？」
　「ガネーシャ!?」
　「そや、ガネーシャやがな。念のため言うんやけど、ワシ、神様やで。最近ちょうしええやんか、自分」
　「へ？」
　「へ、やないがな。ガネーシャ様登場のBlog34・35連発やがな」
　「はい、『夢をかなえるゾウ』を読みましたら、突き動かされまして……でも、調子いいのはブログだけです」
　「1つでも、ちょうしええことあったらええやん。そのいじけた言い方、そろそろやめや。1つだけでも、ワシに感謝せな。『最後のガネーシャの課題』なんやった？」

「『毎日、感謝する』です」
「そうや、分かってるやん、一応、学長やもんな」
「はい、いちおう……」
「アホか。お前、その自虐的な言い方、もうやめや。ええか？　ぜんぜん足りんのは分かるけど……あのな、発展的課題が１つあるねん。知りたい？」
「知りたいです」
「自分、今夜の、ワシへのお土産、分かっとるん？」
「……??　ああ、はい、分かります」
「ほな、教えたる」
　ガネーシャの発展的課題　「足りない分、みんなのために祈る」

● （学長室）
　私は、いつものようにパソコンを開いて、メールチェックから仕事に入った。ガネーシャはソファーに腰掛けて、子どものように身体を弾ませていた。連れてきたくはなかったが、アパートに置き去りにして熱中症になってもいけない。
「あり得へんよ、自分」
「どうしてですか？」
「もうじき、８時15分やで。８月６日の８時15分なんやで」
「はあ？」
「はあ？じゃないがな。今日はどないな日？」
「明日、オープンキャンパスなので準備をします」
「明日じゃないがな。今日、今日、今日、今日……やっぱり、悪いけど、学長として足りんがな。自分やっぱり全然分かってへんわ」
「はぁ……」
「65年前の８月６日８時15分、広島に原爆が投下されたんやで。広島の平和記念式典には原爆投下国である米国の駐日大使ルースくん、国連事務総長の潘基文くんなんかも参列するんやで。『原爆の日』に核保有国の政府代表と国連トップがそろって被爆地を

訪れるのは偶然ちゃうで」
「それはどういうことですか？」
「ワシ神様やし。それくらいやるし。ええか？　今日を失って、明日があるか？」
「ありません」
「そやろ。65年前の今日、一瞬にして『明日』を無くした人たちが、広島にはたくさんおるんやで。そういう感覚忘れて、明日、高校生や社会人に何話すん？　原爆の話しろ言うてんちゃうで。8時15分になったやん。立てや。起立！　犠牲者に追悼の祈りを捧げ、平和への誓いを新たにするんや」
一瞬、ガネーシャが立派な神様に見えた。

● 『夢をかなえるゾウ』の本を読まなければ、私は、今日合掌しなかったと思います。そして明日、あなたに話をする時、命があることで互いの未来がひらき、こうして集っていることに感謝し、更に命ある限り未来がひらいていくことを祈る気持ちでお話することはなかったと思います。その感覚を忘れて大勢の人の、たくさんの命の前に立って、話してはいけないのではないかと思いました。

（私は今、スーパーに立ち寄り、エコバックいっぱいにガネーシャへのお土産を買っています。ガネーシャはソファーの弾力に飽き、本棚に飾ってあったリモコン式の小さなヘリコプターを上手く飛ばせずイライラし、結局、先に帰りました。今頃、よだれを拭き拭き、待っているのでしょうか。ガネーシャのツボをおさえるには、あま〜いこれが必要なのです。
　課題　ガネーシャの大好きな甘い「□□□□」は何か。自分で水野敬也の『夢をかなえるゾウ』を読んで確かめる。）

＊水野敬也『夢をかなえるゾウ』飛鳥新社　2007

Blog *37*   2010年8月10日（火）　22:17

「その日頑張れた自分をホメる」
(『夢をかなえるゾウ』④)

- 「で、今日は来てくれた人に、ちゃんと話出来たんか？」
 夕食時、ガネーシャは高く投げ上げたタコ焼きに食いつきながら言った。
 「はい、出来ました」
 「どんな話になったん？」
 「『原爆の日』の話と『夢をかなえるゾウ』の本の紹介です。本については次回のオープンキャンパスまでに、ぜひ読むように推薦しました」
 「そんで、本に出てくるワシのことは紹介したん？」
 「いや……時間があまりなかったので……」
 「はー??　だから自分、欲張って結局は、いつも足りんのや。このガネーシャの話だけで十分やん、アホ！」
 「でも、8月6日の8時15分、その一瞬に『明日』を失った若者たちが、65年前の広島には大勢いたことを話した時、いっしょにうなずく親子がいて、話している自分の気持ちが伝わっていると感じました」

- 僕は、もう答える気力もなく、布団に潜り込んだ。
 「怒ってるん？　ごめんて。言い過ぎた思ってるって」
 怒っていたつもりだったが、ガネーシャの言う通りだと思った。あれも、これもと欲張り、結局は足りない気分で毎日を終えている。したがって、朝は重い気分でいつも目が覚める。
 「でも、いつもと同じやん。自分、いつも足りんことばっか目を向けて、ええことにちっとも目を向けへん。それ嫌われるで」
 「くー……」
 「自分、『夢をかなえるゾウ』の本で一番、心に残ったのはどの部分？　な、ガネー

シャの名言どれやと思う？」
　僕は布団を頭から被ったまま考えた。確かに「ガネーシャ名言集」ができるほど、たくさんの名言がある。そして、僕が選んだのは次の部分である。

● (p.102)
　「これからはな、毎日寝る前に、自分がその日頑張れたことを思い出して『ようやったわ』ってホメや。一日のうち、絶対一つは頑張れてることあるから、それを見つけてホメるんや。一日の最後はな、頑張れんかったこと思い出して自分を責めるんやなくて、自分をホメて終わるんやで。そうやってな、頑張ったり成長することが『楽しい』ことなんや、て自分に教えたるんや」

● (pp.102-103)
　僕は目を閉じて今日一日を振り返った。自分としても頑張れたなあと思えることがいくつか見つかった。そして、何より頑張れている自分を確認するのはすごく楽しい作業だった。これは素晴らしい習慣だと思う。
　しかし、こうして僕が感心しているころには、すでにグワァ！というイビキが押入れから聞こえていた。
　もう寝てしまったのか。
　まるで子供のような神様だな。

＊水野敬也『夢をかなえるゾウ』飛鳥新社　2007

Blog *38*　　　　　　　　　　　　　　　　　　2010年8月18日（水）　19:03

無題

● 　ブログ34〜37では『夢をかなえるゾウ』の物語設定を援用させていただき、パロディーのようにして私の数日を描きました。想像力を働かせながら、自分の身のありようを非現実の場に想定しながら振り返り、書くということは楽しいものです。ですから、この本の「非現実さ」は読者を傷つけずに、笑いを伴いながら自省させる力となっているのでしょう。
　私は二人の我が子に1冊ずつ、この本をプレゼントしました。成人を過ぎた二人です。読んでみて欲しいと思った本をあえて買って渡すということは、最初で最後かも知れません。

● 　いい加減な神様ガネーシャを登場させたブログは、『夢をかなえるゾウ』の著作の面白さという力を借りて周囲では好評でした。ただ、そういう声をかけてもらいながら私は、現実的な感覚の『私』から離れ始めている問題も感じていました。仮想場面の中で「原爆の日」を取り上げましたが、特に「原爆の日」については、もっと現実に『私』を引き戻して考える必要があると感じています。私がブログを書き続ける意味は、現実のなかで『私』を更新していくことにあるはずですから。

　以下、紹介する詩が収められている本『原爆詩集　八月』（合同出版編集部編　2008）の帯には、吉永小百合さんが
　「あなたの胸に被爆した人たちの、
　　子供たちの切なる思いが届きますように！」
　と書いています。

● 　　無　題
　　　　　　　佐藤智子（広島市南観音小学校5年）
　よしこちゃんが

やけどで
ねていて
とまとが
たべたいというので
お母ちゃんが
かい出しに
いっている間に
よしこちゃんは
死んでいた
いもばっかしたべさせて
ころしちゃったねと
お母ちゃんは
ないた
わたしも
ないた
みんなも
ないた
(「原爆雲の下より」)

弟
　　　　　　　　栗栖英雄（広島市舟入小学校5年）
いたと　いたの中に
はさまっている弟、
うなっている。
弟は、僕に
水　水といった。
僕は、
くずれている家の中に、
はいるのは、いやといった。

弟は、
だまって
そのまま死んでいった。
あの時
僕は
水をくんでやればよかった。
(「原爆雲の下より」)

● 私は『夢をかなえるゾウ』を読み、想像力を働かせて現実から距離を置いた場に立ってみなければ、「原爆の日」のことを取り上げることはなかったでしょう。残念ながら「原爆の日」は、私の日常の意識から大きく外れた場所にあったので、現実離れした空想の中でしか拾い上げることができなかったのです。空想の物語の中で「原爆の日」を拾い上げたものの、その問題の重みをリアルに感じることができませんでした。日常生活の中で自己が埋没するというのは、そういうことなのだと思います。

しかし今、65年前の2人の小学生の詩から手渡されたものは、「重い」と感じます。そして、私が「原爆の日」の問題意識を空想の物語から、こうして持ち帰っているというのは、本当に皮肉なことだと感じています。

Blog *39*　　　　　　　　　　　2010年9月2日（木）　19:00

思い当たる

- ● 8月7日のオープンキャンパスの学長の話で、「原爆の日」について取り上げました。そして、ブログ37では「8月6日の8時15分、その一瞬に『明日』を失った若者たちが、65年前の広島には大勢いたことを話した時、いっしょにうなずく親子がいて、話している自分の気持ちが伝わったと感じた」と書きました。今でも、その感触が私の中にはあります。

- ● 8月20日には、心理学博士の榎本博明氏をお招きして第2回教育研究会を開催しました。榎本氏に出会い、いろいろお話させていただく中で「記憶は、過去を反映するとともに現在も映している。そして、記憶は思い出すたびに再構成されていく」という趣旨のことを教わりました。難しいことのようですが、例えば『思い当たる』ということ自体が記憶の再構成であると、私は思うのです。
　オープンキャンパスに参加した高校生から作文が送られてきました。そして、私の「原爆の日」の話の部分で深くうなずいた高校生が思い当たり、記憶が再構成されていきます。高校生の作文を紹介します。

- ● 『学長の印象的な言葉』

　①8月7日のオープンキャンパスに参加した時、学長が挨拶の冒頭で原子爆弾について話されました。65年前の8月6日の朝8時15分に広島に原子爆弾が落とされました。「最近暑い日が続くけれど、その日の広島は別の意味の熱さだった」と学長は言われました。この言葉がとても心に残りました。なぜなら、被害に遭われた人達が味わった熱さ、苦しさがこの言葉で良く伝わってきたからです。私は広島、長崎の出来事について更に学びたいと思いました。

②そこで私は家に帰ってインターネットで原子爆弾について調べると、キノコ雲の写真と人間の影が高温のため家の壁に残っている写真が出てきました。その写真を見ただけで、とても怖いと思いました。更に被害の状況についての文を読むと、爆心地は鉄やガラスも溶ける熱で黒焦げの遺骸が道路に大量にあったということが分かりました。

③学長の「別の意味の熱さ」という言葉を聞いて、その時の悲惨さを分かっていたつもりでしたが、写真を見たり、記事を読んだりして、一層その悲惨さが伝わりました。もし、この話を聞いて自分で調べていなかったら、65年前の悲劇について良く考えていなかったと思います。

④8月7日の北日本新聞に原爆死没者慰霊式の記事がでていました。今年は、過去最多の74カ国が参加したそうです。この悲劇から学んだことを、世界中の人々に伝えていくことが大事だと分かりました。私は子どもと接する仕事に就きたいので、子ども達に平和の大切さを伝えたいです。

● 私は、この作文に次のようにコメントを付けました。

　私も、そのようにお話したことを覚えています。ただ覚えているだけでなく、そのようにお話してから、心に引っ掛かっているのです。ブログ38「無題」をぜひ読んで下さい。あなたがうなずいたから心に引っ掛かって、あのように書いたのだと思っています。
　私自身、皆さんに「別のあつさ」と言いながら、どれだけその意味を深く感じていただろうか。だから、あなたが原爆について調べたように、私も原爆の詩集を読みました。そのことをブログ38は書いています。あなたが送ってくれたこの作文と同じだと思いました。
　こうして何かに『思い当たる』時、私にはその『何か』に関わる過去の風景が違って見えてきます。

Blog 40

2010年9月3日（金）　07:57

『私』を書く

● 書くことは辛いことがあります。それは、書くということが『私』を映し出す鏡となるからです。書くことで『私』のすべてを映し出すことはできません。書くことで『私』の存在は限定されますが、だからこそ、つかみどころのない『私』のモヤモヤが整理されることにもなります。だから『私』の存在を整理して、その『私』と向き合うということは辛いのです。

● しかし、『私』の存在が抱え込んでいる問題を整理しないと、一歩も前に進めないことがあります。そして、整理された『私』と向き合うことで未来がひらいていくことがあります。以下に紹介する新聞に投稿された作文から、『私』を書くことの辛さと意味が読み取れます。

● 『つらい病気と向き合った娘』
　　　　　　　主婦　加藤みゆき（三重県松阪市）　朝日新聞　2010.8.29

①中学の夏休みの作文の宿題には上の息子も頭を悩ませていたものだ。下の娘が中学に入学して2年目。今年は自分のことを書くという。

②娘は家では普通におしゃべりするのだけれど、学校では不安や緊張のために話ができない「場面緘黙症」だ。今まで、緘黙症について娘と話したことはなかったが、今回初めて緘黙症についてこれまで分かっていることや、効果があると考えられていることなどを話した。

③娘は聞きながら、思うところがあったようで、やがて原稿用紙に向かった。時々、涙をふいている様子を見て、「無理しなくていいよ」と声をかけたが、書き上げると「もっと場面緘黙症に対する理解が広まるといいなあ。みんなに知ってもらえば、緘黙症の人たちもみんなが生きやすくなるから」と言った。

④この先、娘の緘黙症は、いつまで続くのか分からない。でも、いつか振り返ってみた時、この作文を書いた今年の夏休みが、いい思い出になっていることを願う。

● ブログ39で榎本博明氏の「記憶は、過去を反映するとともに現在も映している。そして、記憶は思い出すたびに再構成されていく」という言説を取り上げましたが、人は過去の『私』を今も引き受けながら、その都度、未来をつくり出していく存在なのだと思います。そして、その未来に踏み出すということは、過去の意味さえも変えていくのです。

今年の夏休みが、いい思い出になっていくことを願います。

Blog 41

2010年9月18日（土） 16:45

『夢』の途中

● 今、大学祭の最中です。そのテーマにも関わって遊書家として活躍している大蔵さんの書道パフォーマンスがあるというので見てきました。

● 大蔵さんは軽快な音楽に合わせて身体を動かしながら大胆に文字を書き始めました。3画目から4画目に移るときに、「ああ」と呟いた私の心の空間に『夢』という文字が広がりました。そこからは、『夢』という文字の筆跡と意味を大蔵さんの躍動的な動きに合わせて追っている自分がいました。

● 大蔵さんのパワフルな『夢』の筆跡を心に残しながら、私はもうすぐ百歳になろうとしている栃木県在住の柴田トヨさんの詩集のことを思い起こしました。最近読んだというだけの理由ではないのですが、なぜ思い起こしたのかを説明できません。思い起こしたのは、この詩です。

『あなたに Ⅰ』

出来ないからって
いじけていてはダメ
私だって　96年間
出来なかった事は
山ほどある
父母への孝行

子供の教育
　　数々の習いごと
　　でも　努力はしたのよ
　　精いっぱい
　　ねぇ　それが　大事じゃないかしら
　　さあ　立ちあがって
　　何かをつかむのよ
　　悔いを
　　残さないために
　　(柴田トヨ『くじけないで』飛鳥新社　2010)

● 若い大蔵さんと、もうすぐ百歳になる柴田トヨさんのあいだで、私は『夢』を持つという姿について、ある自分の記憶を重ねてイメージし始めています。それは「イメージのまだ途中」としか、ここには書けませんが。

Blog *42*　　　　　　　　　　　　　　　　　　2010年9月19日（日）　15:42
"優しい無視" 介助犬

- 大学祭2日目、愛知県から介助犬がやってきました。はるばる愛知県から来たのは、富山県にはまだ1頭も介助犬がいないからだそうです。
  介助犬の仕事について次のような説明がありました。

  「手足の不自由な人に付き添い、物を持ってくる・ドアを開ける等、障がいの度合いや環境に応じた様々な仕事をします。また、介助犬使用者が転倒して起き上がれない時に、電話を持って来る・人を呼びにいく等、緊急時の連絡を手助けするのも介助犬の大きな役割です」

- 実際に介助犬のデモンストレーションがありました。私は犬が大好きなので思わず犬の近くに寄って行きました。冷蔵庫を開けてペットボトルを持ち出し、冷蔵庫をちゃんと閉めるなど、あまりに利口で可愛いので手を伸ばして頭をなでてあげたくなりました。

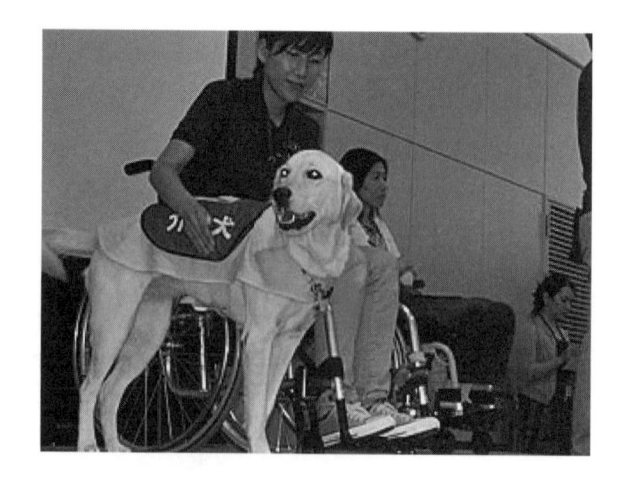

● 介助犬をはじめ盲導犬や聴導犬は、ハーネス（胴輪）・ケープ（洋服）などを身に付けている間は仕事中で「可愛い!!」などと言って近づかず、補助犬使用者の安全のためにも犬の気が散らないよう遠くから優しく見守ってほしいということでした。つまり、「"優しい無視"をしてください」ということでした。

「危ない、危ない……」ワンちゃんの頭をなでたかった私も、この写真を撮った位置から、静かに離れました。

● 今、日本全国で介助犬を必要としている人は、約15,000人いるそうです。そして、正式に認定を受けた介助犬の数は、まだ51頭なのだそうです。介助犬を応援するために大学祭の会場には募金箱も設置されましたが、人にも動物にも優しい社会は、地道につくり出していかなければ簡単にはやってこないのだなと思いました。

それにしても、デモンストレーションの最中にワンちゃんの頭を思わずなでなくてよかったです。

Blog 43

2010年9月21日（火）　19:03

『くじけないで』（『敬老の日』に）

- 　私が、あなたに語り続けている『つくり、つくりかえ、つくる』ことで展開していく『自己物語』の意味とブログ41で紹介した柴田トヨさんの『くじけないで』と題された詩集のメッセージは同じだろうか。違うのだろうか。それは、私がトヨさんと同じ年齢にならないと答えが出せない問いのようにも思います。（「ほな、無理やん!?」）ともかく、私はぜひ多くの方に、この詩集を読んでみて欲しいと思います。

- 　詩集の中に「朝はかならずやってくる－私の軌跡－」と題して、自身の人生を回想するページがあります。そこで、トヨさんは次のように書いています。

　　90歳を過ぎて出会った詩作で、気づいたことがあります。どんなに辛いこと、悲しいことがあっても、私は両親や夫、倅（せがれ）、嫁、親戚、知人、そして多くの縁ある方々の愛情に支えられて、今の自分があるんだということです。

　　こうしたことは、私たちも言っています。「お陰様で、今の自分はある」と。
　　でも、トヨさんが90歳を過ぎて出会った詩作を通して気付いたことと同じなのでしょうか？　言葉にするから同じであって、言葉にする前の『何か』は違うかも知れません。

- 　詩集の中に『こおろぎ』と題された詩があって、その詩の前半はこうです。

　　　深夜　コタツに入って
　　　詩を書き始めた
　　　私　ほんとうは
　　　と　一行書いて
　　　涙があふれた

詩の後半は「こおろぎのコロスケが鳴いている」様子が書かれていますが、「私　ほんとうは……」に対するトヨさんの言葉はどこにも見当たりません。
　人間は多くのことを言葉で表現しますが、言葉以前のところに、本当は『何か』がいつも溜まっています。

● 私はブログを私なりの言葉で書いていますが、トヨさんの詩集を読んで、言葉にするという答えの出し方をもっと急がずに力まずに、自分の人生の時間をかけてゆっくり進んでいこうと思いました。「あなたの役に立つように書こう」という動機もゆるめて、もう少し自分の書きたいことを今まで以上に自由に書こうと思いました。そして、時間を重ねることの厚みを自分自身の中にも感じていきたいと思います。それこそ、トヨさんに「お陰様です」と言いたいです。
　「私　ほんとうは……」というトヨさんの言葉を引きずって更に詩集を読み進めると、『秘密』と題された詩が最後にありました。

　　秘　密

　　私ね　死にたいって
　　思ったことが
　　何度もあったの
　　でも　詩を作り始めて
　　多くの人に励まされて
　　今はもう
　　泣きごとは言わない

　　98歳でも
　　恋はするのよ
　　夢だってみるの
　　雲にだって乗りたいわ

＊柴田トヨ『くじけないで』飛鳥新社　2010

Blog 44

2010年10月6日（水） 20:00

私の中でのつながり

- 読み手にとってブログは一話完結でバラバラに存在する小さな世界に過ぎませんが、書き手にとっては過去、現在、未来の『私』をつなぐ自己物語の「かげがえのない一編」であると言えます。「次々と関連して現れてくること」を芋づる式と言いますが、私の中の『何か（記憶）』をたぐり寄せると、芋づる式に「つながりある『私』」が立ち現れるのです。

　ブログ33で「コンクリートの通路で真っ黒な子猫が鳴いています。部屋の扉の前で鳴いているので、たぶん餌をもらおうと、その部屋の住人を待っているのです。来る日も来る日も、部屋の扉の前で待っています」と書きました。この記憶には「その後」にも「それ以前」にも、芋づる式のエピソードが私の中に埋め込まれています。

- 来る日も来る日も、野良猫のくろは通路で鳴いていました。ある日私が帰宅した時、郵便受けに1枚の通知が挟まっていました。その紙を見た瞬間に、私は予感がしました。通知にはこう書いてありました。

　「『敷地内で猫の鳴き声が響いてくる』とのご連絡を頂いております。当物件は集合住宅によりペットの飼育は禁止になっております。お心当たりのある方は飼育・餌付けをしないようにお願いします」

　（この集合住宅の管理会社の対応は、当然のことと思います。）

- それ以来、野良猫くろを見かけなくなりましたが、もう2ヵ月経った今も、帰宅した際には辺りを見回す『私』がいるのです。いい歳をした大人が……と笑われそうですが。

　私は小学校に入学した頃に、真っ黒な子猫を拾って家に帰ったことがあります。遊んだ帰りに川沿いの道を歩いていたら、その子猫はついて来ました。本当はついて来ない時もあったのですが、そういう時には、私は子猫のところまで引き返しました。そ

うやってついて来た子猫を母親に見せて「ついて来ちゃった……から」と言った時、母親が困った顔をしたのをよく憶えています。私の小学校時代は、家に帰るといつも『ピース』と名付けたこの黒猫が家にはいたのです。

● そのようなわけで、『野良猫くろ』の存在は芋づる式に私の幼少時代の記憶や母への思いさえたぐり寄せてしまうのです。私の中でのつながりの根っこにある「かけがえなさ（命）」とは、敢えて言えばそういうものだと思っています。

Blog 45

2010年10月7日（木）　19:15

「思いきって行ってまえ～」

（このブログは「ブログ34～37」に登場した変てこな神様ガネーシャに宛てた手紙です。こうして芋づる式のブログは奇妙なところにつながっていくのです。）

● 拝啓、ガネーシャさま
　あなたが私のところでうろうろしていた頃、私が住んでいるアパートの通路で同じようにうろうろしていた黒い子猫がいましたね。あなたがいなくなった頃から見かけないのですが、連れて行きましたか？　私はガネーシャが連れていったと思っています。

● 拝啓、ガネーシャさま
　2ヵ月前、8月6日の『原爆の日』に私の空想の中で、あなたは学長室を訪れたことになっています。しかし2ヵ月経った今、その空想によってのみ成立しているはずの「非現実」と私の前を流れていった「現実」とを比べた時、ガネーシャ、あなたの方が迫真性があるのです。つまり、あなたは現実に存在する者よりも、迫真性のある存在として私の心に存在し続けているのです。よほど、あなたの神様としての語りは、私にとってインパクトがあったのでしょう。私の心の中で、あなたのような語り方はかつて存在しなかったのです。けれども、あなたと出会ったことで、私の中にガネーシャ的な語りが引き出されるようになりました。まあ、私の人間としての幅が広がったと言えますから、感謝申し上げます。一方で「非現実」の空想の方が迫真性があるということは、いかに日々の生活が、ふわふわした実感の乏しい時間として流れ去っているかということを反省する必要がありそうです。「仮想空間」と「現実」を混同するような事象も起きている現代社会の閉塞感が、私にものしかかっているかなとも思います。気を付けないとちょっと危ないですか？

● 拝啓、ガネーシャさま
　先日、3名の学生が連れ立って私のところへやって来ました。そして、私に読ませる

本を２冊持参して置いていきました。そのうちの一冊にルーズリーフの紙切れがしおりになってはさまっていたので開いて読んだ時、ガネーシャ、あなたの影を感じました。あなたの差し金ではないでしょうね？
　こんな文章です。今の学生に必要なメッセージのように思います。

「自分に自信ない子が多いけど、そんな子に『やることやってる？』って聞くと『やってない』と答える。やることやらんと『自信ないです〜』って悩んでる。
　そんなこと言うてる僕も、自信のないことがあったりもした。だから、お客さんの目を見た時『あ〜この人、壁にぶちあたってた、あの頃の俺や〜』とか、『なんもやらんと口ばっかりの時の俺と同じや』とか思う。そんな時はハードなこの言葉を書くことになる。『君が君を信じないで誰が君にかける？』あの時、誰かが僕に言ってくれてたら、絶対、変わってた。そう思うからこそ、ちょっとハードやけど、書く。
　『就職活動うまくいってないんです』って言ってる子なんか、『僕、不安なんですよ〜』ってエネルギー出しまくってる。来るべきものが来てしまったら、ハッタリと開き直りが大事、○○になったらどうしようじゃなく、○○になったら又考えたらええ、ぐらいでとにかく思いきって行ってまえ〜」

（軌保博光『答』サンクチュアリ出版　1999）

● 拝啓、ガネーシャさま
　本を貸してくれた学生に後で会った時、「ルーズリーフの紙を小さく切ったしおりがはさまっていたけど、読んでみたらいいところを案内してくれたの？」と聞いたら、「そんなわけありません。私が時々読むためですよ〜。動かさないで下さいね!!」って。聞くんじゃありませんでした。世の中そんなもんですが、これからも頑張ります。
　野良猫くろをよろしくお願いします。

　追伸　わずかですが「あんみつ」をお送りします。

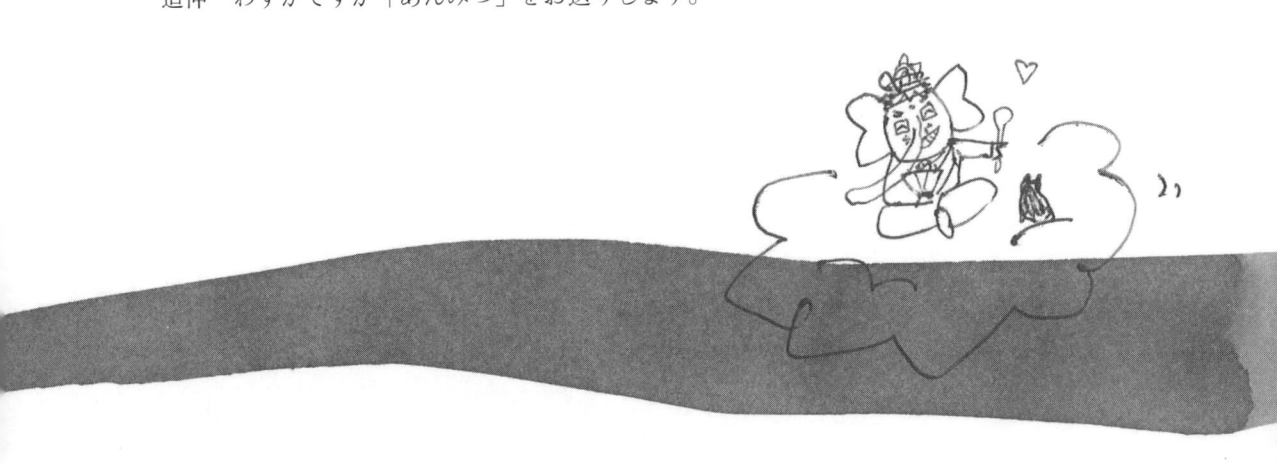

Blog *46*   2010年10月13日（水）19:32

思考は現実の『型紙』

- チリ落盤事故で地下700メートルに閉じ込められた作業員33人全員を48時間以内に、今から救出することをニュースが報じています。

    8月5日の事故発生から68日、地底の空間にこれほど多数の人々が長期間生存したのは極めて異例のことだと言います。

    「救出」という、これから起きる出来事が、すべての人々の思い描く通りとなることを祈るばかりです。

- 地下に閉じ込められた作業員たちは、どのように未来を思い描き、成功を信じる心の姿勢をつくり出し、維持したのでしょう。それは全員が救出された後、それぞれの言葉（『自己物語』）で語られることによって明らかになっていくことでしょう。ともかく今は、一人目の救出の成功を世界は見守っています。先ほど終えた授業の中で「自分は何番目ぐらいに救出されたいか」という質問を学生にしました。一番最初と最後は避けたいというのが正直なところのようでした。ただ33人の人々にとっては、すでにそういう問いは意味をなさないとも思いました。私はこの救出が成功した時に、その事実とともに次の文章を学生に受け止めて欲しいと思っています。地下での68日間は私たちには想像を絶するものだからこそ敢えてこの成功に、以下「思考は現実の『型紙』」の文章を添えておきたいと思います。

- 「思考は現実の『型紙』」

    成功は頭のなかから始まる。心の姿勢が成功に敵対しているあいだは、決して成功できない。何かを手に入れようと努力しても、心でべつのものを期待していたら何にもならない。なぜならこの世界ではあらゆるものがまず頭のなかでつくられ、そしてあらゆるものが、その頭のなかの型紙どおりになっていくからだ。（略）

つねに失敗に向かって歩みを進めていたら、成功というゴールに着くことをどうして望めるだろう。たとえ方向転換しようとしても、まちがった道の向こうの暗く憂うつな、希望のない景色から目を離すことができなかったら、せっかくの努力も水の泡になる。
　思考は、自分に似たものを引き寄せてくる磁石だといってもいい。（略）
　頭にあるものと逆のものが出現する心配はない。なぜなら私たちの心の姿勢とは「型紙」で、その型紙が人生に組み込まれているからだ。だから、成功は、まず頭のなかで達成されなければならない。
（D.カーネギー協会編　片山陽子訳『D.カーネギーの成長力』創元社　2010）

● しかし、「成功」という未来を頭の中で達成するということは、容易なことではないでしょう。救出された人々が深いトラウマを抱え込んでいることが心配されます。
　全員の救出を、ただただ祈ります。

Blog *47*　　　　　　　　　　　　　　2010年10月19日（火）　21:59

「知りながら害をなすな」

● チリの落盤事故で地下に閉じ込められた作業員33人全員が無事救出されました。「絶望」が「希望」に転じたのは、地上と地下をつなぐパイプによって家族と一途の望みを共有することができたからでしょう。また、その望みを捨てずに助けを待っていられたのは、優秀なリーダーがいたからだとも言われています。「助けが必ず来る。絶対に希望を失うな」ルイス・ウルスラさんが言うと心が落ち着いたと言います。一人一人では描ききれない頭の中の「地下からの脱出」という型紙（『自己物語』）が、地上の家族によって頭の中から引き出され33人の型紙へと統合されていったのです。そこに「奇跡」は起きました。

● 最初はいさかいが絶えなかったようですが、ウルスラさんはその混乱の中で現状を把握し、「スプーン2杯のツナとミルク1口、少々のビスケット」を一日おきに平等に割り当て、一人一人に役割を意識させ励まし続けたと言います。更にこうしたことは、経営学・マネージメントの先駆者として有名なドラッガーの理論に、ウルスラさんが精通していたことによって為し得たことなのだという紹介もされています。私は、この短絡的な報道については少し懐疑的です。33人の『自己物語』の文脈において「地下からの脱出」という型紙がそれぞれに形づくられていったのは、一度切れた地上とのつながりが回復した実感によると思うからです。ですから、この「奇跡」には33通りの物語が存在することでしょう。

● 私は、ドラッガーの著書『マネジメント』のどこに、そのような力を持つ記述があるのかと思って探してみました。あると言えばあるのですが、ないと思いました。むしろ、直接に関係のあることではありませんが、次の文章が心に留まりました。

　　プロフェッショナルの責任は、すでに2500年前、ギリシャの名医ヒポクラテスの誓い

のなかに、はっきり表現されている。『知りながら害をなすな』である。

（略）必ずよい結果をもたらすと約束することはできない。最善を尽くすことしかできない。しかし、知りながら害をなすことはしないとの約束はしなければならない。
（略）

これを信じられなければ何も信じられない。

（P・F・ドラッガー著・上田惇生編訳『マネジメント』ダイヤモンド社　2001）

● これはドラッガーの著書に書かれていますが、ドラッガー理論に及ぶ以前の倫理観であり行動規範です。またウルスラさんは、ドラッガーの愛読者であったのかもしれませんが、ドラッガーの愛読者がこの危機的状況の中でリーダーシップを発揮できるかと言えば、ほとんど無理ではないかと言わざるを得ません。むしろ33人の人々が、それぞれの『自己物語』の文脈において、絶望と不安を自ら引き受けながら、にもかかわらず自身の意識の中に「地上への生還」という型紙を、地上の人々の「生還」を信じる力を借りて描き続けたということではないでしょうか。

（ドラッガーについて知りたい人には、〈岩崎夏海『もしも高校野球の女子マネージャーがドラッカーの「マネジメント」を読んだら』ダイヤモンド社　2009〉が小説として読めますので、お薦めです。）

Blog *48*　　　　　　　　　　　　　　　　　　　　2010年10月21日（木）　21:36

やさしい心

● 　もう30年も経ってしましましたが、私は大学生の時、中学校で教育実習をしたことがあります。「国語」の授業の実習では、吉野弘さんの『夕焼け』という詩の授業を2年生のいろいろなクラスで繰り返すのです。この授業中は教室の中が満員電車となるのです。次のような詩です。

●　　夕焼け
　　　　　　　　　　　吉野　弘
　　いつものことだが
　　電車は満員だった。
　　そして
　　いつものことだが
　　若者と娘が腰をおろし
　　としよりが立っていた。
　　うつむいていた娘が立って
　　としよりに席をゆずった。
　　そそくさととしよりが坐った。
　　礼も言わずとしよりは次の駅で降りた。
　　娘は坐った。

　　別のとしよりが娘の前に
　　横あいから押されてきた。
　　娘はうつむいていた。
　　しかし

又立って
席を
そのとしよりにゆずった。
としよりは次の駅で礼を言って降りた。
娘は坐った。
二度あることは　と言う通り
別のとしよりが娘の前に
押し出された。

可哀想に
娘はうつむいて
そして今度は席を立たなかった。
次の駅も
次の駅も　　　　　　　　（後略）

● 私はもう30年、終わりのないこの授業（満員電車）の中で、電車に揺られている若者の姿を見てきたような気がします。最近こんな高校生が乗ってきました。

（高校生が送ってくれた作文）
①何を書いたらいいのか分からなくて1ヵ月近くたってしまいました。今、やっと書こうかなというテーマが思い浮かんだのですが、こんなことでいいのかなという不安があります。でも、書かないよりいいかなと思うので書きたいと思います。

②バイトが終わって、私はいつものように電車に乗りました。ところが席は空いていたのですが、何となくドアの前に立って、揺られながら景色を見ていました。すると、突然、横から肩をたたかれました。外国人のお姉さんが自分の隣の席をぽんぽんたたいて、「ここにすわる？」というジェスチャーをしていました。うれしかっ

たのですが、私はとてもびっくりして、ただただ、首を横にふることしかできませんでした。電車から降りた後、「せっかく気づかってもらったのに、嫌な気分にさせてしまったかな」と思ってお姉さんの方を見ると、にっこり笑って手を振ってくれました。私は、ありがとうの気持ちを込めて、お辞儀をしました。とても、ささいなことなのですが、私はとてもうれしい気持ちで家に帰ることができました。

③私は実際、すわれなくて困っていたわけではなかったけれど、お姉さんに気づかってもらって、とてもうれしかったです。これがもし、お年寄りだったり妊婦さんだったり、立っているのが辛い人であれば、もっともっとうれしいだろうなと思います。

④もし今後、電車に限らず困っている人がいたら、「断られるのが怖い」とか「他の人が声をかけるだろう」などと言って逃げるのではなく、勇気を出して声をかけてみようと思います。

● 吉野弘さんの『夕焼け』の詩は次のように、終わっていきます。

　　やさしい心に責められながら
　　娘はどこまでゆけるだろう。
　　下唇を噛んで
　　つらい気持ちで
　　美しい夕焼けも見ないで。

　私は、あなたに何を伝えたらいいでしょう。「やさしい心」を「強さ」に変えながら、力強く生きていくために。そして「やさしい心」で美しい夕焼けを見ることができるように。

Blog *49*
2010年10月27日（水）　20:17

似たものを引き寄せてくる磁石

- 少し前の話ですが、看護学科の学生が3人で私のところにやってきました。「このミニーの縫いぐるみにメッセージを書いてください！」ということでした。縫いぐるみには、すでにいろいろなメッセージがサインペンで書き込まれています。誕生日を迎える友人にプレゼントするのだと言います。書き込む余白がないのでスカートをめくったら怒られました。怒られついでに「私のコメントなど書いてあっても喜ばないでしょう。それとも友人への嫌がらせ？」と思わず聞いてしまいました。言ってしまってから、私もいつの間にか皮肉っぽくなってるなぁとも思いました。

  「『つくり、つくりかえ、つくる』と書いて下さい！」と言うので、更に苦笑してしまいましたが、言われるままに「つくり、つくりかえ、つくる」を書いて手渡すと、学生はうれしそうに「喜ぶと思います！」と言って学長室を出て行ったので、本当に喜ぶのかも知れないと思い直しました。

- その直後に今度は幼児教育学科の学生が3人やってきました。そのことはブログ45に書きましたが、私に読ませる本を2冊持ってきて貸してくれたのです。私は「思考は、自分に似たものを引き寄せてくる磁石だといってもいい」とカーネギーが言ったことを、最近「その通りだな」と強く実感しています。

- 磁力はある種の「思考」の持ち主を引き寄せる反面、反発して離れる「思考」の持ち

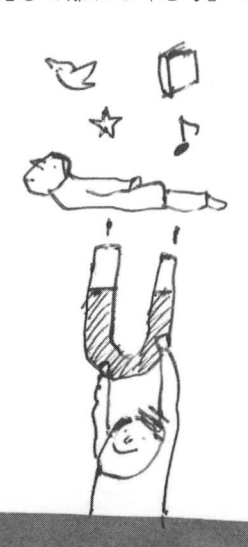

主を生み出すのです。以前の私なら、そういうことにならないように自分の思考を調整していたのだと思いますが、だんだん必要ないと思われる調整はしなくなりました。それは「信念」と言える磁力かも知れません。私は、私の『自己物語』に帯びてくる磁気性に自覚的になったようです。時々、学生に避けられたり逃げられたりする残念な事実もあります。私から注意を受けるかも知れない『何か』に、学生が思い当たる場合です。お互いに残念なことですが、逃げ去った学生の思考は何を引き寄せる磁石なのかと考えると心配になります。

● 私が取り組んでいる「つくりかえ作文」という自分づくりの支援に、昨年よりもたくさんの作文が送られてくるようになりました。また、少しずつ長文化する傾向もあります。長文化した作文にコメントを付ける時、私の磁力も更に強くなっていくのを感じます。このことを「相互作用」と言いますが、書き手の磁力に引き寄せられ私も強い磁力で思考することになるのです。

　　思考は、自分に似たものを引き寄せてくる磁石だ。

　その通りだと思います。
　あなたの思考は、どんなものを引き寄せている磁石ですか？

Blog *50*　　　　　　　　　　　　　　2010年11月4日（木）　21:09

『中身』と『外見』（なかみ・そとみ）

● ブログ49「似たものを引き寄せてくる磁石」をホームページにアップして一週間も経たないうちに、それを読んだ高校生から「つくりかえ作文」が寄せられました。そこには次のように書かれていました。

　私は、この『つくり、つくりかえ、つくる』作文が、最近楽しみで仕方ありません。自分の書いた作文にコメントしてもらい、そのコメントを読むのが、すごく楽しみです。私の思っている事は、それは正しい答えではないかもしれない。だから、他の人が考える答えを教えてもらうことで、自分なりの答えが出るのではないかと、私は考えています。

　彼の言う通りだと思います。つまり、自分の考え（答え）を他者に問い、その答えを自分の中に取り入れることで、私たちの心の中に『もう一人の私』が育っていくのです。そして人間性の『中身』とは、他者との学び合いによって生成する『もう一人の私』の豊かさをいうのです。

● 彼の作文の印象を心に残しながら自宅に帰った後、深夜の音楽番組で「いきものがかり」の特集をしていました。彼は以前「いきものがかり」というバンド名の由来や「YELL」という曲を紹介した私のブログを読んで、やはり作文を送ってくれたことがありました。そこにはこんなふうに書いてありました。

　今年の5月5日にリリースした、いきものがかりの『ありがとう』を聴き、『YELL』を超える歌だと私は思います。この曲の最初の出だしは、

「ありがとうって伝えたくて　あなたを見つめるけど　繋がれた右手は　誰よりも優しく　ほら　この声を受け止めている」
と始まります。　（略）

私は、いきものがかりの曲を聴いていると、「よし、頑張ろう」と思うし、とても励まされます。学長も一度聴いてみてください。

● 話は変わりますが、この「つくりかえ作文」に使用してもらう封筒には、あらかじめ「〇〇〇〇〇　行」と宛先が印刷されています。自分のことを「〇〇様」や「〇〇御中」とすることはできませんから、行き先という意味で「〇〇行」と書いてあるのです。実は送られてくる封筒の半分以上の宛名は、印刷されたままで使われています。それは、そのつもりはなくとも結果として「呼び捨て」の宛名で届いているということです。私はそういうことを指摘するために、この「つくりかえ作文」に取り組んでいるつもりはないので、そのことをいちいちコメントしてきませんでした。しかし、彼の作文に何度も触れ、共感し、関わり合う中で、封筒の宛名が「呼び捨て」を修正しないままであることを「もったいない」と思うようになりました。それは『中身』（作文）と『外見』（封筒）に大きなギャップが生じてきたからに他なりません。

せっかくですから、こうした場合の封筒の扱い方について書きましょう。

まず、「行」の文字を二本線で消し（修正液などは使いません）、その横に「御中」(おんちゅう)と書き添えるのです。したがって「〇〇〇〇〇　御中」となります。「御中」とは、会社などで直接だれ宛か分からないが「その中のどなたか」に出しますという意味です。

次に、封筒の裏には「差し出し人」が分かるように住所、氏名などを書くことが必要です。『中身』を見るまでは誰からのものか分からない状態の『外見』では、やはり相手意識が足りないことを物語ってしまいます。

このような『中身』と『外見』の関係は、さまざまなことに当てはまります。

● 「『外見』で人を判断しないでほしい」という声を聞くことがあります。しかし『外見』は『中身』の一番外側なのです。少なくとも自分が社会的な存在であろうとするならば、そのように考えることが必要な場合が多いものです。

『中身』の一番外側としての『外見』を大切にしてください。

Blog *51*　　　　　　　　　　　　　　　　　　2010年11月12日（金）　18:00

受け入れようとする『余地』で響く

● ブログ50「『中身』と『外見』（なかみ・そとみ）」で紹介した高校生から「つくりかえ作文」が届きました。彼にはブログ50を読むように促してありましたので、どのように受け止め、どのように答えてくるだろうかと楽しみに待っていました。

● 彼の「つくりかえ作文」には次のように書かれています。

　私は、このブログを読み、ものすごく嬉しかったです。学長はこう言っています。「『呼び捨て』の宛名で届いているということです。私はそういうことを指摘するために、この『つくりかえ作文』に取り組んでいるつもりはないので、そのことをいちいちコメントしてきませんでした」。
　でも、ブログ50でそのことを教えてくれました。
　私は考えました。なぜ学長は、今まで言わなかったことを、このブログ50で言ったのかを。そして、2つ答えが出てきました。1つ目は、何回も作文のやりとりをしているうちに、相手の『中身』を知り、封筒を修正してないことに疑問を抱き、その意味に気付いて修正して欲しかったからだと思います。2つ目は、「『外見』は『中身』の一番外側なのです」と学長は言っているように、この「外見」は封筒であり、「中身」は作文なのです。だから、封筒を修正することで、「中身」と「外見」という関係の大切さに気づいて欲しかったのだと思います。

● その通りです。そして3つ目があります。

「あなたには、考え、学び、受け入れる余地がある」と確信したからです。そして、うれしいことに次のようにも書いてくれました。

　私は、ブログを携帯電話のMobileサイトで読んでいます。ブログというものは、いろいろな人が読みます。しかし、ブログを読んでいるうちに、自分がまるで学長と話している気持ちになりました。まるで学長が私に作文を書いているんだよって感じで、私の心の中に響きました。

● 　人の言葉は、それを受け入れようとする『余地』で響くのです。心に『余地』を持たない人は、誰の言葉からも学べないでしょう。
　そして、私たちは心の『余地』を何かで満たすとき、学ぶ喜びを知るのです。

Blog *52*　　　　　　　　　　　　　　　　2010年11月13日（土）　20:36
自己中心性からの脱却

- ブログ51で書いた心の『余地』とは、「他者」を受け入れる場所のことです。私たちは「他者」を受け入れることにより、『もう一人の私』を心に育んでいくのです。そうすることで、私たちは自己中心的な存在である『私』を脱却し、社会的な『私』となっていくことができるのです。それが「自己中心性からの脱却」と言われることです。自己中心性からの脱却が求められるのは、若者でしょうか？

- 心理学博士の榎本博明氏に本学で講演をいただいたとき、次のようなお話がありました。

　エリクソンは、成人期の課題として「世代性」の発達をあげている。「世代性」は、次世代への貢献による自己中心性からの脱却を意味する。その具体的な表れとしては、子どもを産み育てるのもそうだが、生徒・学生を育てる、部下を育てる、後輩を育てる、地域社会で子ども会の世話をする、スポーツチームの面倒を見る、子育ての母親を支援するなど、さまざまな形があり得る。周りを見回すと、年齢的には成人であり、社会的な立場も成人でありながら、未だ自己中心性から脱せないでいる者が少なくない。子どもの虐待が起こるのも、その背後には、子どもさえいなければ、早く子どもの手が放れさえすれば、といった思いが潜んでいると考えられる。虐待とまではいかなくても、そうした思いゆえに子育てがストレスとなり、子育てノイローゼになる親も見受けられる。職場で働く者でも、生徒・学生や部下を育てるよりも、そうした相手を自分の業績のための手段としかみなさない者も少なくない。自分のことで精一杯で、あくまでも自分のためといった姿勢から脱せない。

● 自己中心性からの脱却が問われているのは、次世代への貢献を課題とすべき私たち大人だということなのです。私がこのブログで呼びかける「あなた」は、少なくとも私よりも若く未来のある方々です。もしくは、私と同じように次世代と向き合って生きている方々かも知れません。いずれにしても、私はこうして「あなた」に呼びかけながら、私自身の「世代性」を育み、自分自身の独りよがりで身勝手な自己中心性からの脱却を図っているのかも知れません。

● ブログも気が付くと50号を越えました。これまで「あなた」を意識するたびに、心にできる「余地」にいろいろな『私』を立ち上げながら、私は大事なことに気付かされてきたように思います。それは、きっと終わりのない「自己中心性からの脱却」の過程であり「つくり、つくりかえ、つくる」ということなのだと思います。

　「つくり、つくりかえ、つくる」ことができる『余地』を、あらためて大切にしたいと思います。

Blog *53*　　　　　　　　　　　　　　　2010年11月22日（月）　21:51

日本人の『世代性』の劣化

● 目の前に魚が入っている水槽があります。その魚は私たちそのもので、魚が生きられるぎりぎりの状態まで水質が劣化しているとします。私たちはどうしたらいいのでしょうか？　魚は水質の劣化に適応しながら辛うじて生きています。私はこれまでのブログで、自分自身が置かれている状況に対してポジティブに捉えることで、現状を乗り越えていくことの大切さを繰り返し書いてきました。繰り返し書きながら「水質の悪さ」まで個々人がポジティブに捉えることができるだろうかという思いをいつも抱えています。

● 「いじめ」を受けている子どもがいて、その子どもに「いじめ」に対する受け止め方を変えるように促すことで済むのでしょうか。就職難の中でたたみかけるように届く不採用通知に対して、ネガティブにならずに繰り返し挑戦するように激励することで済むのでしょうか。劣化した水槽の水そのものを浄化することをしなければならないのに、それを放置している責任はどこにあるのでしょうか。
　香山リカは著書『なぜ日本人は劣化したか』の中で、次のように述べています。

　　日本語力も劣化。
　　考える力も他者の心を想像する力も劣化。
　　モラルも劣化。
　　コンテンツも劣化。　　　（※コンテンツ＝内容、中身）
　　体力も辛抱強さも劣化。
　　社会の寛容も劣化。

見わたしてみると、いまの日本ではありとあらゆるところでこの劣化現象が進行している。これは、かなり悲惨な状況だと言える。

　この劣化現象はブログ52で書いたように、次世代への貢献を課題とすべき私たちが、次世代が生きられる「水槽の水」を残していくという『世代性』に関わる努力を怠っているということではないかと思います。つまり、私たち日本人の『世代性』の劣化が進行しているのです。

● 香山リカは更に次のように述べています。

　日本社会のあちこちで同時多発的に進行していること。それは劣化。
　そうだとしたら、その劣化を食い止めるために、あるいは劣化以前の状態に戻すために、私たちにできることは何だろうか。（略）
　まず『自分たちは劣化している』という病識を持つことが必要になる。そして、給食費を払わない親がいることと、最近ゲームが単純すぎてつまらないことは別々の事態ではなくて、劣化というひとつ太い幹から分かれている枝にすぎない、といまの状況を総合的、系統的に考える視点も必要だろう。

● 政治の状況を見ても、私たち日本人の『世代性』は劣化していると受け止めざるを得ません。水槽の水で例えるならば、水質が劣化しているにも関わらず、そのことに鈍感であるならば、そこに生きる私たち自身もまた劣化を進行させていくということになるのだと思います。このようなことは、もはや誰に伝えればよいのかさえも分からない。ということは、この時代を生きる私たち一人ひとりの問題として受け止め、必要な浄化意識を持つというところから始めなければならないでしょう。それが今、求められる『世代性』に対する態度と言えます。
　あなたがもし若者だとしても、もう手が届くところで次世代への貢献が求められているのです。

＊香山リカ『なぜ日本人は劣化したか』講談社現代新書　2007

Blog *54*　　　　　　　　　　　　　　　　2010年12月3日（金）　19:35
『まなびあい』

● 　ブログ28で、私が「twitter」の世界に関わり始めた時のことを書きました。私は教育学を学んでいるので、社会で起きている現象について教育社会学的な視点から理解するためにも、その世界に関わってみようと思うのです。始めた時には、どちらかというと不信感がありました。実際に試してみると「twitter」にも良い面と悪い面があり、当たり前のことですが結局は「使い方」によるのだと思いました。「twitter」を始める時に多くの人は「よく分かりませんが、とりあえず始めました」と呟きます。私もそうですが、誰かに教えてもらってから始めるというよりも、適当にやってみて、やり方を見つけ出し、出来ることを増やしていく人が多いようです。だからでしょうか、「twitter」の世界は好奇心に溢れているようにも感じます。

● 　私が、「お互いがもっている好奇心に溢れた気持ちを大事に学び合おうか？」と呟いたことで、「まなびあい大学」が開学しました。「twitter」の呟きから誕生した大学（学びの場）ということで、テレビや新聞でも取り上げてもらいましたが、何がきっかけであったかということよりも、私にとっては『まなびあい』という言葉に寄せる私たちの思いが大切なのです。
　　文化人類学者の原ひろ子は著書『子どもの文化人類学』の中で、カナダの極北に住むヘヤー・インディアンには「教える」という文脈が存在しないことを、次のように紹介しています。

　　驚きは、1961年夏から3か月にわたる予備調査のときから始まりました。総人口350人ほどのヘヤー・インディアンのうち、若者たちの中には英語を話す人もいます。彼らに、「英語は誰にならったの？」と聞くと、「自分でおぼえた」という答えしか返ってきません。「どういうふうにしておぼえたの？」と聞くと、「そりゃあ、しゃべってみるの

さ」ということです。ムースを射とめて来た男に、「ムースをどうやって射とめるかを教えてくれた人は誰なの？」と聞くと、「え？　自分で上手になったのさ。初めてムースを射とめたのは15歳のときだったよ」といった具合です。ムースの皮をなめしているおばさんに「このなめし方をどういうふうにしておぼえたの？」と聞いてみると、またしても「自分でおぼえたんじゃよ」という答えです。

　このようなことから、ヘヤー・インディアンの『自己物語』には、「教えよう・教えられよう」という意味自体が存在しないということが分かります。

●原ひろ子は次のようにも書いています。

　私は、「教えよう・教えられよう」とする意識的行動は、人類に普遍のもの──つまり、どんな人間社会にも存在するもの考えていました。ところが、ヘヤー・インディアンの人々とつき合ってみて、この考えを修正するにいたりました。そして、「学ぼう」とする意識的行動は人類に普遍的といえるが、「教えよう・教えられよう」とする行動は、絶対普遍のものではないと考えたくなってきたのです。さらに、現代の日本を見るとき、「教えよう・教えられよう」という意識的行動が氾濫しすぎていて、成長する子どもや、私たち大人の「学ぼう」とする態度までが抑えつけられている傾向があるのではないかしらという疑いをもつようになりました。しかし、現代のような分業がすすんだ技術社会である日本において、私たちの生活から「教えよう・教えられよう」という意識的行動を除いてしまったら、途端に日本文化は崩壊してしまうでしょう。けれども、同時に「学ぼう」という態度が阻害されていった場合、どういうことになるでしょうか。

●　「まなびあい大学」がどのような経過で始まったにせよ、私が『まなびあい』という言葉に寄せる思いは、「教え合う」という文脈とは違うところにあるのです。そして、「教える」という意識的行動をも「学び」へと変換していく場所にしたいと思います。第1回まなびあい大学の参加者は27名でした。第2回目は45名でした。この『まなびあい』は、きっと続けていけると思っています。

＊原ひろ子『子どもの文化人類学』晶文社　1979

Blog *55* 2010年12月13日（月）　20:35

「ソーダ水の中を貨物船が通る」

● 「ソーダ水の中を貨物船が通る」の一文を読んで何のことだか分かりますか？
　　まだ私が高校1年生だった頃、ユーミンは松任谷由実ではなく荒井由実という名前でした。そして、ユーミンの『海を見ていた午後』という曲を、私は高校の文化祭での友人の弾き語りではじめて聴きました。その歌詞の中に「ソーダ水の中を貨物船が通る」という表現があったのです。私は絵を描くことが好きだったので、その情景をイメージし絵に描きながら、想像力によってつくり出される世界というのはこういうことなんだと衝撃を受けたことを今でも覚えています。つまり、「ソーダ水」と「貨物船」という組み合わせは、普通に想像する世界では絶対に結び付きません。私は、その時に思いがけないイメージの結合によって新しい世界が誕生するということを知ったのです。この有り得ないイメージの結合は、次のような文脈（歌詞）の中で物語として表れます。

●　　海を見ていた午後

　　　あなたを思い出す　この店に来るたび
　　　坂を上って　きょうも　ひとり来てしまった
　　　山手のドルフィンは　静かなレストラン
　　　晴れた午後には　遠く　三浦岬も見える
　　　<u>ソーダ水の中を　貨物船が通る</u>
　　　小さなアワも　恋のように　消えていった

　　　あのとき　目の前で　思い切り泣けたら
　　　今頃二人　ここで海を見ていたはず
　　　窓に　ほほをよせて　カモメを　追いかける
　　　そんなあなたが　今も見える　テーブルごしに

紙ナプキンには　インクが　にじむから
　　　忘れないでって　やっと書いた
　　　遠いあの日

● 人はいずれ後になって、様々な要素を結合できるようにするために、その個々の要素をあらかじめバラバラにして意識の底に蓄えているといいます。ですから、過去の要素を組み替えて新しい意味を加えることもできるし、未来の物語を自分の夢に応じた組み合わせで思い描くことも出来るのです。

　ノーベル化学賞を受賞した鈴木章北海道大学名誉教授や根岸英一米パデュー大学特別教授らが発見した「クロスカップリング」も、有り得ないとされている要素の組み合わせによってつくり出された世界だと言えます。クロスカップリングとは、触媒を使って２種類の物質の炭素同士を結合させ新しい物質をつくり出すことです。思いもよらない組み合わせによって新しい世界が誕生することの奇跡を、私たちはノーベル化学賞受賞の偉業によって知りました。

　このクロスカップリングの奇跡は、私たちの心の中でも常に起きているのだと思っています。「イメージはクロスカップリングするのです」などと飛躍させても、私は科学者ではないので許してください。そして、人間の意識がつくり出す世界の可能性は、だからこそ計り知れないのだと思うのです。

● 意識の底に沈殿しているイメージの種を自在に組み合わせてみる。そこには想像力によってつくり出される新鮮な世界が自在に広がります。こうして私が言葉で紡ぎ出している世界も、ユーミンの「ソーダ水の中を貨物船が通る」という歌詞とノーベル化学賞受賞という無関係なイメージのクロスカップリング反応によってつくり出されたのでした。

Blog 56
2010年12月17日（金） 22:40

「他者の森をかけ抜けて自己になる」
『起承転結』②

● ブログ29で『起承転結』について書きました。私自身もこのブログを●印4つで書き続けてきました。『起承転結』は文章の構成法の一つですから、必ずそうでなければならいということではありません。しかし、私の提案を受け止めて『①起②承③転④結』で書き続けてくれた高校生から、次のような言葉をもらいました。

　私にすれば①〜④を付けることは、おまじないなのです。①〜④を付けて書かないと、作文を書いているうちに、自分でどこまで話が進んだか分からなくなることがあります。①〜④の番号を付けながら、自分のまとまりを切り換えることができます。私は本当に、この作文技法に出会えて感謝しています。

● 私が「つくりかえ作文技法」と称して、あなたに積極的にこの書き方を勧めることは、何か他の可能性を奪うのではないかと自省してみたこともあります。しかし、私自身このブログで、この方法を今まで繰り返してみたことで、より個性的な考えを自らつくっていけるという確信を得ました。
　私は、冬が間近に迫った秋晴れの日に「噴水」を眺めながら思いました。

　「もし、噴水の『水の出口』が広かったらドボドボとした形でしか水は出てこないだろう。ただ水は溢れるだけで、青空に勢いよく飛び散っていくことはできない。狭い窮屈なところを我慢して通過することで、私たちもまた、個性的に生きられる世界を広げることができるはずだ」

● 私が自己完結的に思いを綴るのであれば、この第三段落目でまとめてもよいと思います。しかし、『転』と言われるこの段落で、私は他者の言葉に耳を傾けることで、もう一歩、自分の考えに踏み込み、まだ気付いていない別の考えや新しい語り方に出

会って来ました。

　溝上慎一は『自己形成の心理学　他者の森をかけ抜けて自己になる』の著書の副題について、次のように書いています。

　自己形成は他者との出会いや出会い方に大きく依存する。良くも悪くもさまざまな他者と出会うことで人は自己世界を形成していく。それを「他者の森をかけ抜ける」というイメージで理解したいと考えた。

　また「読んで、話して、書くという作業」については、次のようにも書いています。

　書き手の『私』と読み手の『私』は同じ自分のなかにいる『私』でありながら、別物である。よい読みをする者が良い文章を書いたり良い理論をつくったりするとは必ずしも限らないが、良い文章を書いたり良い理論をつくるためには、よい読みが必要である。（略）
　読んで、話して、書くという作業を激しくくりかえし、それぞれの『私』を成長・発展させることである。単純だが、結局私たちにできることはそれしかない。そうして徐々に、自分なりの自己論が仕上がっていくのである。

● 　私は、『起承転結』で書くという噴水口のような過程を経て導き出す考えの中に、「他者の森をかけ抜けて自己になる」という、その「自己」があるのだと感じています。特に、第三段落である『転』の世界は『深い深い他者の森』であり、そこをかけ抜けることが社会的な『私』となっていく過程に違いないと思うのです。

＊溝上慎一『自己形成の心理学　他者の森をかけ抜けて自己になる』世界思想社　2008

Blog *57* 「四つ葉の幸せ」『テクスト』

2010年12月29日（水） 15:12

- 　山ほど積まれたテキストの記憶には辛いものがあります。しかし、ある時テキスト（テクスト）の語源を知り『テクスト』という言葉は気になる言葉の一つになりました。『テクスト』は英単語のtextが日本語に取り込まれた言葉ですが、文章・文脈を意味する言葉で、転じて「教科書」を指す言葉として使われるようになりました。しかし、本来は「言葉によって編まれたもの（織りもの）」という意味を持ち、ラテン語の「織る」が語源です。

- 　したがって、こうして回を重ねてきたブログは、私の「言葉の織りもの」であり、まさしく私がつくり出した『テクスト』です。井筒俊彦は著書『意味の深みへ』（岩波書店　1985）の中で、次のように書いています。

　この織りものの小さな織り目の一つである私は、私なりに刻々に織り変えられていくこの『テクスト』に、ささやかながら何かを織り足していくのである。

　また次の詩を読むと、「生きること」は『テクスト（織りもの）』なんだと、しみじみ思います。私たちはみな、『何か』を刻々と織り足しながら『テクスト』（『自己物語』）を生きていく存在ということなのです。

- 　　　四つ葉の幸せ
  　　　　　　　藤川幸之助
  四つ葉のクローバーは
  見つけると幸せが訪れると言う。
  小さい頃から
  いくつもいくつも
  四つ葉のクローバーを見つけては

母がしおりを作ってくれたが
幸せはそうやすやすとは訪れなかった。

幸せとは訪れるものではなく
心の中に見つけるものだ。
そう気付いて
四つ葉のクローバーを見つけるように
心の中に幸せを見つけ続けた。
認知症の母との一日一日の中でも。

クローバーについては続きの話がある。
五つ葉は金銭上の幸せ。
六つ葉は地位や名声を手に入れる幸せ。
七つ葉は九死に一生を得るといったような
最大の幸せを意味すると。
五つも六つも七つもいらないなあと思う。
四つ葉で十分だと思う。

母のしおりには言葉が添えられている
「四つ葉を手にするより
四つ葉を見つけることを楽しみなさい」と。
「四つ葉」を「幸せ」と置き換えて
母の言葉を読んでみる。

(藤川幸之助『まなざしかいご』中央法規　2010)

● 私の『テクスト』にも、私の母がしおりのように、何度も何度もはさみ込まれています。
　そのことについては次の機会に心を込めて、この『テクスト』に織り足したいと思います。

Blog *58*   2011年1月13日（木） 21:30

書くことは『断捨離』

● 書くテーマを決めているのになかなか書けないことが、これまで何度もありました。そういうことを繰り返しながら気付いたのですが、書けない時には大抵、自分の心を横切っていく様々な『何か』について欲張っているのです。『何か』がはっきりとした「言葉」にならないまま、私の回りで散らかっているという感じなのです。したがって、「書く」ということは「書かないことを決め、一旦捨てていく」ことだと気付きました。そして、「つくりかえ作文技法」では『起承転結』によって、更に自分の考えが絞り込まれていきます。そうやって私のまわりに散らかっている問題は解決されるのです。また、私があなたに提案していることは、「ポジティブに選んで書くことによってネガティブな感情を捨てる」ということになると思います。

● 私は、「捨てる」ということがともかく苦手です。モノを捨てずに大事に持っていることはよいことだとも思っています。「思い出になるモノであるとか、いつか使うかもしれないモノであるとか……」そんなふうに考えて大事に取っておくのです。しかし、いつ使うかも知れないモノが身のまわりに溢れると、大事にしているとは言えない雑然とした状況になっていきます。さて、『断捨離』という言葉を聞きますが、ちょっと私の性格に合わないものとして遠ざけていました。『断捨離』とは文字通り「断つ」「捨てる」「離れる」ことで、「モノと向き合い、モノを絞り込み、モノを手放すこと」だと言います。とすると、私が繰り返してきた「自分で感じ考え、選択決断して言葉を絞り込んでいく」という書く作業と同じだと気付くのです。

● やましたひでこは著書『断捨離』の中で、次のように述べています。

    「今」という時間の感覚は、人によって異なります。また、「今」をどうとらえている

かは、場合によっても異なります。今日一日が「今」である人もいれば、場合もある。前後一週間を「今」と感じる人も、場合もある。今月を「今」、今年を「今」と感じる人、場合も。なぜ、人によって「今」の幅が違うのか、どうして、場合によって、「今」が長くなったり短くなったりするのでしょう。それはこんなふうに考えられませんか。

　不安があればあるほど、未来に対して「今」の時間が伸びる——。
　執着があればあるほど、過去に対して「今」の時間が伸びる——。

　自分が持っているエネルギーを過去や未来に分散させているとしたら、未来への不安や過去への執着ゆえに、今を冗漫にしているとしたら、それは活力の枯渇を招くばかり。(略)
　今の私にふさわしいモノ選びを繰り返しつづけることで、いえ、今の私にふさわしくないモノを取り除いていく引き算を重ねることで、今という時間の感覚が、自ずと凝縮されていくのです。(略)
　『断捨離』とは、そういうものですね。

(やましたひでこ『断捨離』アスコム　2010)

● このように『断捨離』を捉えると、「つくりかえ作文技法」は書くことによる『断捨離』のトレーニングだと言えます。「書く作業」はいったん「過去」や「未来」に伸びた時間から、すっきりと『何か』を選ぶことで、いえ、それ以外のコトを捨てることによって、必要なコトだけを「今」に引き寄せてくる。「今」を軸に『自己物語』の文脈をつくり続けることなのだと言えます。

Blog *59*　　　　　　　　　　　　　　　2011年1月18日（火）　　21:44

「みんな違った個性がすてき」

● 　便せん3枚の手紙とともに「つくりかえ作文」が届きました。A4サイズの大きな封筒には、新聞の切り抜きのコピー、そして音楽CDが入っています。同封された資料について「つくりかえ作文」は書かれているのです。資料や作文を読んでコメントしながら、私が「つくりかえ」の課題をもらい学んでいる気分になりました。「つくりかえ作文」は、全国中学生作文コンテスト県大会で富山地方法務局長賞を受賞し、新聞に紹介された作文を読んで書いたものです。まず受賞作文を紹介します。

● 　「みんな違った個性がすてき」　富山市山室中1年　石仙奈津美さん

（北日本新聞　2010.12.4）

　私は「人権」という言葉を聞くと、すぐに障害がある二つ上の兄のことを思い出す。ある日、学校で、兄を見た上級生がこう言ったのです。「うわっ、知的障害だ。」と……。私はまだ小さかったけど、無性に悔しかったことを覚えています。実際そのとき、私は上級生に何の反論もできず、笑ってごまかしました。実は少し怖かったのです。兄の味方をして仲間はずれにされるのが、嫌だったのかもしれません。しかし心の中ではいつも兄を守ってあげたいと思っていました。

　兄は、言葉に遅れがある自閉症で、特にコミュニケーションが苦手です。でも、私や家族にとっては、とても優しい自慢の兄です。できないこともまだまだたくさんありますが小さい頃から、かわいい動物の絵を描いたり、私よりたけているところもたくさんあり、何より私のことをいつも大事にしてくれます。そんな兄が、私も家族も大好きです。それなのに、みんなと違う障害があるというだけで、なぜ特別な目で見られてしまうのでしょうか。上手に話ができないというだけで、なぜ何もできない人と思われ、みんなと同じ機会を与えてもらえないのでしょうか。同じ人間なのに、とても悔しくてたまりません。私は、兄も、そしてほかの障害をもっている人たちもみんな、私たちと同じく、今もっている力で一生懸命生きていると思うのです。だから、偏見をもたず、できるだけその人たちが活動しやすい環境を整えてあげることが大切だと思うのです。

　私の好きな本の中に「アシュリーが教えてくれたこと」というドキュメントがあります。主人公のアシュリーは、プロジェリアという難病で、わずか17歳11カ月という生涯

でした。しかし、その生き様は、とてもすてきで、最後まで光り輝く美しいものでした。彼女の家族、そして学校や、職場の方々が彼女をしっかり支えていることに感動しました。また、彼女の残した言葉で、私が一番好きなのは「プロジェリアじゃなければいいのになんて思わない。私は私という人間であることが幸せだし、神様が私をこうお創りになったのは、何か理由があるはずだもの。」という言葉です。彼女は、自分の病気や立場をしっかり受け止め、堂々と向き合い、何より自分に与えられた試練をプラスに考えているところに感銘を受け、そんな彼女がとてもかっこいいと思いました。そして、同時に、障害をもって生きている私の兄のことを思いました。障害は違っても、また、アシュリーのように言葉には出さないけれど、兄もしっかり困難さと向き合って生きていると思えたのです。

　兄は早寝早起きが得意だけど、私は苦手。私は好き嫌いがほとんどないけど、兄はかなり偏食。兄は目で記憶することが得意で、探しものが上手だけど、私は苦手。私は友達と普通に会話できるけど、兄はコミュニケーションが苦手。人は、それぞれみんな、少しずつ弱い部分と強い部分、できないこととできることをもっています。障害のある人も、その弱い部分がほんの少し表面に出てしまうだけです。学ぶスピードがそれぞれ違うのだということを考えてあげてほしいのです。一人一人の個性を認め合いながら、やさしさを分け合って生活できれば、どんなにすてきでしょう。（後略）

● この作文について「つくりかえ作文」は次のように書いてありました。

　①北日本新聞に載っていた石仙奈津美さんの「みんな違った個性がすてき」を読んで書きます。
　　私は奈津美さんとお兄さんを知っています。母の友人のお子さんたちで、一緒に旅行に行ったことがあります。奈津美さんのお兄さんは、動物の絵を描くのが本当に上手で、パソコンにもたけていて、何より家族思いなのです。確かにコミュニケーションが苦手ですが、人のことをとても大切にしています。

　②周りから変な目で見られても耐えながら、「何よりも私のことをいつも大事にしてくれます。そんな兄が、私も家族も大好きです」と思っている奈津美さんは、とても素晴らしいと思います。障がいを持っている子どもが生まれると育児放棄する親もいると聞きます。そんなこともあることを思うと、「兄のことが、私も家族も大好きです」と言うことができる奈津美さんの家族のような人でいっぱいの世の中になることを願わずにはいられません。きっと、毎日の暮らしは大変なこともあるで

しょう。その大変さの一部分しか、今の私には分かりません。私は奈津美さんのように理解できていませんが、もっともっと理解できる『私』になっていきたいと思います。

③奈津美さんは、「障害がある人も、その弱い部分がほんの少し表面に出てしまうだけです」と言っています。そして、その内面において「兄も、そしてほかの障害をもっている人たちもみんな、私たちと同じく、今もっている力で一生懸命生きている」ということを深く理解しているのです。私は奈津美さんのように日々を共に暮らす中で、困難を理解し受け止めることはできませんが、私なりに自分の小学校の時の経験に重ねながら考えました。

小学校の時、コミュニケーションが苦手な子がいました。クラスになじめない人、障がいがある人などがいる「なかよし級」というところに、その子はいました。時々、私たちのクラスに来て、授業に参加していました。私と一人の友人は、その子とよく関わりました。クラスの先生や「なかよし級」の先生などが、その子について分かりやすく説明して関わり方を教えてあげたら、もっと多くの人が関われたと思います。私と友人は、その子のことを精一杯理解し分かり合おうとしました。分からないときは、友人と相談して、どんな子なのか何を言いたいのかを理解しようと努めました。

④私は、奈津美さんの作文や自分なりの経験から、私自身をもう一歩踏み出して、お互いに関わり合い、今持っている力で一生懸命生きている場を一緒に『私』も生きることで実感し合い、少しずつ理解を深めていくことが大切だと思います。私たちがそうすることで、奈津美さんが強く訴えている「障害を抱えて生きているたくさんの人たちが、自分の個性を生かして胸をはって生きていける、そんな世の中」につながっていくと思います。

● 手紙には、「奈津美さんのお兄さんに寄せて『ていだぐくる』さんが作った『わたしのねがい』というCDを同封しましたので、聴いてください。」と書いてありました。私は送られてきた作文や手紙を読み、CDを聴きながら、また大事な『何か』を手渡されたと感じています。

Blog 60

2011年1月21日（金） 21:45

『原風景』

- ブログ36で、私は次のように書き出しています。
「『夢をかなえるゾウ』という本を読み、ガネーシャという関西弁をしゃべる神様を知ってしまってから、私の頭の中で関西弁をしゃべるヤツがいるのです。ガネーシャです。そんなわけで、私のtwitterの呟きも気を付けていないと関西弁になりそうなのです。あの本を読んでしまってから、ガネーシャは私の中の『もう一人の私』になってしまったのです」

- あれから半年、私のtwitterは積極的にガネーシャの役割を身にまとうようになりました。社会的にリアルな立場よりもはるかに柔軟で創造的でユーモラスな役割は、私自身の呟きをよい意味で自由にしてくれます。そして、ガネーシャとしての呟きは、更に『私』をリセットし振り返らせ、『何か』を勇気づける声として『私』の中で響くのです。それに、学長の呟きよりもずっと人気がありフォロワーもぐんと増えました。ガネーシャのおかげです。
先日、私は次のように呟きました。
「子どもがパンを盗んできたら、親はそのパンを、一緒に食べてやれ！ 罰を加える前に、親は泣きながら、子どもの『罪をいっしょに食べてやる』義務がある。（大越俊夫）」これ、大事やな。（ガネーシャ）#gamesasama
この言葉を選び呟いた『私』を過去にさかのぼって行くと、幼児期の『原風景』にたどり着くのです。『原風景』とは、人の心の奥底にある『何か』の始まりの風景で、その人の人生の初期の痕跡と言えるものです。ブログ58で書きましたが、私は「書く」という『断捨離』を継続してきて、心にある様々な痕跡を整理してきたように思います。その結果として、次のような『原風景』が鮮明になってきたのです。
「5歳ぐらいの子どもの『私』が、割れた大きなスイカをバラバラにならないように抱きかかえている」
という風景です。

● この風景は、次のような『自己物語』の文脈の一部です。

　私は、母親に近所の八百屋に行って、スイカを買ってくるように言われました。私の家の前の道は、結構、車が通る道で、渡る時には子ども心には覚悟がいるのでした。そして、私は大きなスイカを買うと、決死の覚悟で道を小走りで渡りました。そして、渡りきった瞬間、お腹のあたりに抱えていたスイカが、スルッと地面に転げ落ちてしまったのです。私は、本当に悲しい気持ちでバラバラになりそうなスイカをもう一度抱きかかえました。私の『原風景』はこの瞬間で、ずっと止まったまま、私の心に情景として残っています。「三つ子の魂百まで」と言いますが、幼児期の体験は一生その人の『何か（生きる根拠）』に影響しているといえます。こうして思い描かれる情景ですが、私はこの続きを思い出すことができないし、そもそも本当にこの出来事があったのかどうかも、今となっては分かりません。止まっている『原風景』の中の『私』は、ひび割れてしまったスイカを大事に母に届けようと一生懸命、抱きかかえているのです。割れ目からはスイカの汁がポタポタと落ちています。私がガネーシャの呟きに埋め込んだ「子どもがパンを盗んできたら、親はそのパンを、一緒に食べてやれ」は、この『原風景』に重なりながら胸に落ちるのです。

● このブログ60までをまとめて、一冊の本にしようと考えています。私は、母と生き別れてもう何十年も会っていません。母は生まれ育った鹿児島で暮らしているということしか分かりませんでした。けれども、最近になって連絡をとることができました。母に、私がスイカを割った記憶があるかどうか分かりません。スイカを落として割ったということがあったとしても、母親にとっては大した問題でもなく、笑いながらみんなで食べたことでしょう。ですから、この『原風景』は私の心にだけある、私の『自己物語』の始まりなのです。「バラバラになりそうなものを不器用に抱きかかえて、今も生きています」（笑）と私は母に伝えたいと思います。

　これまでのブログに区切りをつけるしおりの意味で、『いきものがかり』の曲の中から選んだ好きな歌詞を記します。

ありがとう

　　　　　　　　　　　　作詞：水野良樹

"ありがとう"って伝えたくて　あなたを見つめるけど
繋がれた右手は　誰よりも優しく　ほら　この声を受け止めてる

まぶしい朝に　苦笑いしてさ　あなたが窓を開ける
舞い込んだ未来が　始まりを教えて　またいつもの街へ出かけるよ
でこぼこなまま　積み上げてきた　ふたりの淡い日々は
こぼれたひかりを　大事にあつめて　いま輝いているんだ

"あなたの夢"がいつからか　"ふたりの夢"に変わってた
今日だって　いつか　大切な　瞬間（おもいで）
あおぞらも　泣き空も　晴れわたるように

"ありがとう"って伝えたくて　あなたを見つめるけど
繋がれた右手が　まっすぐな想いを　不器用に伝えてる
いつまでも　ただ　いつまでも　あなたと笑っていたいから
信じたこの道を　確かめていくように　今　ゆっくりと　歩いていこう

ケンカした日も　泣きあった日も　それぞれ彩（いろ）咲かせて
真っ白なこころに　描かれた未来を　また書き足していくんだ

誰かのために生きること　誰かの愛を受け入れること
そうやって　いまを　ちょっとずつ　重ねて
喜びも　悲しみも　分かち合えるように

思いあうことに幸せを　あなたと見つけていけたら

ありふれたことさえ　輝きをいだくよ　ほら　その声に　寄り添っていく

"あいしてる"って伝えたくて　あなたに伝えたくて
かけがえのない手を　あなたとのこれからを　わたしは　信じているから
"ありがとう"って言葉をいま　あなたに伝えるから
繋がれた右手は　誰よりも優しく　ほら　この声を受け止めてる

Blog 61

2011年1月27日（木） 20:58

『明日へ』 （あとがきにかえて）

- ブログ1〜60の原稿を読み直し、加筆修正し、出版社に送りました。6月に『未来をひらく自己物語——書くことによるナラティヴ・アプローチ』という書名で出版します。改めて読み返してみると、なくてもよいかなと思う内容のブログもあります。けれども、私自身が『私』を「つくり、つくりかえ、つくる」という連続性を生きてきた痕跡として、すべて残すことにしました。

- あたり前のことですが、その都度のブログを書いている過去の『私』は今、存在しません。今、すでに生きてしまった個々の出来事をつなぎ、そこに意味を見いだし、『自己物語』として受け止めている『私』が存在するのです。その思いはブログ60に書いた「5歳ぐらいの子どもの『私』が、割れた大きなスイカをバラバラにならないように抱きかかえている」ことと同じだと感じています。一つ一つのブログが割れたスイカのカケラのように今、感じられます。

- さて、今回のブログは本書の「あとがき」として書いています。また、私が担当する授業の最終回が明日あることも意識しています。今回のブログの題名が「あとがき」ではなく、「明日へ」とした意味（思い）はナラティヴ・アプローチを学んだあなたには理解して頂けると思います。その思いはブログ62、63へとつながっていくのです。したがって、このブログは「明日へ」のエピローグブリッジなのです。
  明日の最終回の授業で扱う学生の「つくりかえ作文」を紹介します。

「障がい」
①前回のレポートで障害児教育や『五体不満足』という本について書きました。私には昔から頭の片隅に必ず「障がい」という言葉が存在しています。それはきっと私の心の中に、おじの存在が強くあるからだと思います。身体障がいとダウン症の両方をかかえたおじと一緒に暮らしているのですが、たまに身の回りのことを手伝うぐらいで、特別なお世話は何もしていません。私から話しかけてもちゃんとした言葉で答えは返ってきません。会話ができないので、おじが何を考え何を言いたがっているのかは、はっきり

は分かりません。しかし、今までそのことについて悩んだことは一度もありませんでした。顔の表情を見れば何を思っているのか伝わってくるし、感謝の言葉もちゃんと伝えてくれます。私は、おじが言ってくれる少し曖昧な発音の「ありがとう」が大好きです。人一倍の温かさを感じます。

②短大に入学してから、障がいを持った子どもや人と関わることがとても多くなりました。今まで続けてきた自閉症の方を援助するボランティアや冬休みに行った障害児施設でのボランティアなど、やったことのない体験をたくさんしました。

③中学生の時に障害者施設で、精神的にも体力的にも辛くて、一度「障がい」と関わることを止めた時がありました。今、行っているボランティアによって、また辛くなって関わりを止めるかも知れないという不安はいつでもあります。しかし、学長がブログを続けているように、私も何か自分を生かせる活動をし続けたいと思います。いつも授業で思うのはブログを見て勇気づけられる人や前向きになる人はたくさんいるだろうということです。一人が続けていることによって、たくさんの人が影響されているなと思います。

④自分が、ここまで「障がい」にこだわっている理由は自分でもよく分かりません。「そんなにこだわらなくていいのに」と言われることもよくあります。自分でももう少し視野を広くしなければ、周りが見えないことも分かっています。しかし、まだ自分が満足しない部分がたくさんあります。「障がい」にもっと深く関わって、知らない世界をもっと見てみたいと思っています。いつ満足するのか、気が済むのか分かりませんが、まだまだ自分をつくりかえたいです。

● こうして書いているうちに、私にも新たなこだわりが生まれてきます。生きている限りエンドレスに私たちは、それぞれの『何か』にこだわり生きていくのだと思います。これからのブログは、いろいろな人の「つくりかえ作文」を紹介していくことが多くなるのではないかと感じています。それが私の本望です。

最後になりましたが、私が書くことで駆け抜けてきた「他者の森」であるすべての方々、そして、「あなた」が別の「新しい語り」の世界をひらくことができるように、様々な工夫をこらして本作りを進めてくださった、せせらぎ出版の原知子さん、山崎朝さ

ん、ブログの内容に合わせて素敵なイラストを描いてくださった井ノ倉里枝さん、表紙デザインの仁井谷伴子さんに心よりお礼申し上げます。本書の中間地点であるブログ30も「明日へ」と題しており、このブログ61で２度目の「明日へ」となります。この「明日へ」には、本書を最後まで読んでくださった「あなた」への感謝と「あなた」の明日という未来がひらくように祈りを込めたいと思います。

*

　追　記
　本書の原稿が出来上がって校正作業に入っている中、2011年３月11日、東日本大震災が起きてしまいました。「あなた」に書くことを提案しながら、私は言葉を失いしばらくの間、書くことができませんでした。しかし、今、また書き始めています。たくさんのかけがえのない『自己物語』が一瞬にして失われてしまいました。その一つひとつの『自己物語』は、多く方々の心の中で生きていくのだと思っています。本当は、この衝撃と悲しみの中で、「生きること」をテーマにした、つたないブログのまとめである本書を出版することにためらいがありました。けれども、私はこの衝撃と悲しみを受け止めながら、また「明日へ」、自分自身の未来をひらくように書き足していきたいと思います。

　　　2011年４月７日

　　　　　　　　　　　　　　　　　　　　　　　　　　　　　　　　北澤　晃

北澤　晃　（きたざわ　あきら）

博士（学校教育学）・富山福祉短期大学社会福祉学科教授・臨床美術士
現在、富山福祉短期大学学長を務める。
facebookで自由に投稿できる『まなびあい大学【未来をひらく自己物語ゼミ】』を開いている。
『自分づくりをすすめる教育活動』を推進する他、認知症予防・ストレス緩和・子どもの創造性の育成に効果のある『臨床美術』に取り組む。『富山まなびあい大学』（市民の学び場）主宰。
著書『造形遊びの相互行為分析－他者との交流の世界を開く意味生成カウンセリング』（せせらぎ出版　2007）、『未来をひらく自己物語Ⅱ－ナラティヴ・トレーニングのすすめ－』（せせらぎ出版 2012）他

●カット　井ノ倉里枝
●装　幀　仁井谷伴子

未来をひらく自己物語
－書くことによるナラティヴ・アプローチ－

2011年6月30日　第1刷発行
2012年3月1日　第2刷発行
2015年5月1日　第3刷発行

定　価　本体1,238円＋消費税
著　者　北澤　晃
発行者　山崎　亮一
発行所　せせらぎ出版
　　　〒530-0043　大阪市北区天満2-1-19　高島ビル2階
　　　TEL. 06-6357-6916　FAX. 06-6357-9279
　　　郵便振替　00950-7-319527
印刷・製本所　株式会社関西共同印刷所
ＪＡＳＲＡＣ出 1102891-503

©2011　ISBN978-4-88416-206-1

せせらぎ出版ホームページ　http://www.seseragi-s.com
　　　　　　　　　　　メール　info@seseragi-s.com

EYE LOVE EYE

この本をそのまま読むことが困難な方のために、営利を目的とする場合を除き、「録音図書」「拡大写本」等の読書代替物への媒体変換を行うことは自由です。製作の後は出版社へご連絡ください。そのために出版社からテキストデータ提供協力もできます。